KB122967

소크라테스는 왜 탈옥하지 않았을까?

친구와
함께 읽는
고전
002

소크라테스는 왜 탈옥하지 않았을까?
-《크리톤》 단단히 읽기

1쇄 펴낸날 | 2017년 12월 19일
2쇄 펴낸날 | 2018년 8월 28일

원저 | 플라톤
지은이 | 이양호

편집 | 김판호, 윤정인
일러스트 | 하양지
마케팅 | 홍석근
디자인 | 랄랄라디자인

펴낸곳 | 도서출판 평사리 Common Life Books
출판신고 | 제313-2004-172 (2004년 7월 1일)
주 소 | 경기도 고양시 덕양구 중앙로558번길 16-16 능곡종합프라자 710호
전 화 | 02-706-1970 팩 스 | 02-706-1971
전자우편 | commonlifebooks@gmail.com

이양호 ⓒ 2017
ISBN 979-11-6023-228-8 (03160)
ISBN 979-11-6023-224-0 (세트)

친구와
함께 읽는
고 전
002

소크라테스는 왜 탈옥하지 않았을까?

- 《크리톤》 단단히 읽기 -

플라톤 원저 | 이양호 지음

평사리
Common Life Books

일러두기

- 이 책의 원문은 플라톤이 저술한 *Kritón*을 번역한 것으로, 부제는 원제의 발음을 살려 《크리톤》으로 표기했습니다.
- 인명과 지명은 〈한글맞춤법 외래어 표기법〉에 따랐으나, 일부는 원어 발음을 살려 표기했습니다. 투퀴디데스, 테바이, 오뒷세우스, 오뒷세이아는 그리스식 발음을 따랐습니다.
- 각주와 괄호 안 설명은 지은이가 붙인 것으로 따로 명기하지 않았고, 편집자가 붙인 것은 '(—편집자)'라고 표기했습니다.

들어가는 글

나는, 어린 학생들의 스승이 되고 싶었다. 무엄하고 주제 파악도 못 하는 일인 줄 알면서도, 학생들에게 정신을 낳아주는 산파가 되고 싶었다. 그것이 내가 이 땅에 몸 받아 태어난 뜻이라 여겨서였다.

그때, 공자가 내게 말해주었다.

스승이 되고 싶은가? 그러면 '온고지신'하라! 정확히 "옛것을 따뜻하게 데워, 새것으로 알게 하면 스승이라 할 수 있다(子曰 溫故而知新 可以爲師矣)"고 했다. 온·고·지·신, 이 네 글자 중에서 가장 중요한 건 '온溫'이다. '온'은 따뜻하게 데우는 것이다. 여기저기 널려 있긴 하지만, 온기라곤 다 빠져 얼음장처럼 되어 버린 찬밥덩이, 즉 '고故'를 데워 따뜻한 새 밥으로 바꿔놓는 게 '온'이다. 허기졌으니, 찬밥덩이인 채로라도 '옛것'을 먹으라며 내놓아선 안 된다. 그러면 스승이 아니다. 최소한 공자는 그렇게 생각했다. 스승이 되기는커녕 학생의 몸을 망치는 자가 될 수도 있다. 쫄쫄 굶은 사람이 찬밥을 먹으면 체하고 탈나기 십상 아닌가?

따뜻하게 밥을 데웠으면, 이제 '새로이' 한 상 차려야 할 터! 차갑게 얼어붙은 '옛 밥[故]'을 데워[溫] 김이 모락모락 나는 더운밥으로 만든 다음, 다른 시대를 살아야 할 학생들에게 '새로운[新]' 상을 차려 그들에게 내어놓을 줄 '알[知]'고, 그 어린 영혼들이 자라서 새로운 밥상을 내어놓을 마음과 힘을 기를 수 있는 길을 '알[知]고 있는가?'

그래야 스승이다. 이게 공자가 "온고지신하라! 그러면 스승이라 할 수 있다"라고 말한 까닭일 것이다.

지금, 소크라테스의 탈옥 이야기를 말감으로 삼아 밥상을 차리는 게 무슨 의미가 있을까? 이 땅의 존재는 몽땅, 사람만이 아니라 산과 강까지 헝클어져 더 이상 가닥을 잡을 수 없을 것만 같은데!

엉킨 실타래를 풀기 위해선 알렉산더의 칼이 필요한 지점까지 기어이 오고야 만 듯하다. 정말 그 길밖에 없는가? 반세기도 더 전에 이 땅에 살았던 우리 선배들이 그렇게 했었다. 칼날을 받은 이 땅의 실타래와 매듭은 두 쪽으로 쫙 갈리었지만, 이쪽에서도 저쪽에서도 실은 풀리지 않고, 잘린 채 잘린 것들끼리 악다구니처럼 더욱 엉켜들었고, 지금도 그렇게 서로가 서로의 팔다리를 묶은 채, 서로의 몸과 맘을 옥죄고 또 옥죄고 있지 않은가!

깊이 있는 공부를 한 사람들이 많으면 엉킨 실타래를 풀 수 있는 밝은 눈이 생겨나고 그 힘이 나타날까? 엉킨 것을 푸는 건 알렉산더의 칼이 아니라 정신이다. 고전을 볼 수 있는 눈이 뜨이면 정신은 저절로 자란다. 정신이 먹어야 할 '밥' 중 가장 영양가 있는 게 고전일 테니까! 고전을 공부한 젊은이들이라면, 헝클어진 채 산더미만큼 쌓인 이 실타래를 풀어 이 땅의 사람 수만큼 아름다운 옷을 지어낼 수 있지 않을까? 젊은 영혼들이 이 책을 통해 고전을 품고, 또 '새로운 고전'을 지을 수 있는 근육과 뼈대를 갖추어나가길 빈다.

군이 소크라테스의 탈옥 문제를 다룬 《크리톤》을 치켜든 까닭이 있다. 재판관, 특히 헌법위원이나 대법관 같은 최종적인 판결권을 가진 재판관들의 자질 문제와 그들에게 권한을 부여하는 방식에 대해 머리를 맞대는 것이 지금 우리 사회에 절실하게 필요하다고 여겨서이다. 소크라테스의 말을 듣고 있으면, 이 땅이 내어놓은 헌법과 재판관, 그리고 이 땅의 한 사람으로 살아간다는 것의 의미에 대해 캐묻지 않을 수 없다.

말나누기(대화) 방식으로 책을 쓴 데에도 까닭이 있다. 한낱 이기는 수단으로 전락해버린 말. 그래서 만신창이 욕지거리가 된 말. IMF를 견디고 세월호를 지나오면서 우리는 말의 황폐화를 처참하게도 멀거니 쳐다보아야만 했다. 이렇게까지 말이 타락하는 것은 전쟁 때나 볼 수 있는데, 우리의 말이 지금 그렇다. 이기기 위한 논쟁이 아니라, 보다 높은 진리를 발견하며 살아가기 위한 말나누기와 책읽기가 절실하다.

다시 말이 진리를 향한 연모이자 그것이 깃든 집이 되는 길, 그 길은 발견될 수 있을까? 말의 휘황찬란함이 인간에게서 정신을 빼놓고, 말의 모지락스러움이 인간의 정신을 비참하게 만들었던 때를 살았던 소크라테스는, 말나누기를 통해 다시 말에 진리와 위엄이 깃들게 하려 했다.

우리에게 필요한 배움이 많지만, 내가 가진 깜냥은 '말나누기'의 좋은 예를 보여주는 것뿐이다. 고전에 기대지 않고선 그 나마의 깜냥도 내겐 없다. 그렇다고 고전을 붙들고 있는 까닭이 이것 때문만은 아니다. 어떤 사람, 어떤 민족의 목마름, 그것이 무엇이건 고전은 간절함이 있는 사람에게 늘 샘이 되어주어 목마름을 가시게 하는 힘이 있어서이다.

'고전을 읽어가면서, 말나누기를 한 책'을 읽은 권수가 열 권이 되고 스무 권이 되면, 그래서 그러한 방식이 몸에 새겨지고 또 새겨지면, 젊은 영혼들이 고전의 세계에 눈뜨게 될 것이고, 그리하여 새로운 고전을 이 세상에 '문득' 내어 놓는 날이 있으리라. '고전을 읽어가면서 말나누기를 하는 글쓰기방식'으로 밥상을 차린 까닭이다.

먼저 책 뒷부분에 있는 원문만 죽 읽고 홀로《크리톤》책의 뜻을 캐물어 본 뒤, 다시 앞으로 와서 읽길 바란다. 부록에 실은 '그리스 역사 이야기'는 중 · 고생에겐 약간 어려우리라 생각한다. 그리스 역사에 익숙한 학생이 많지 않기 때문이다. 하지만 '서양 문명의 젖 줄은 그리스 사상이다'는 점을 감안한다면, 그리스 역사를 가볍게 라도 알지 않으면 안 된다. 그리스 역사를 바탕으로 '그리스 사상'이 나왔기 때문이다. 이것이 '그리스 역사 이야기'를 실은 까닭이다.

이양호 씀

| 차 례 |

고집불통 소크라테스의 **'정의의 길'** 찾기

 내가 돈 좀 있네!

흥! 내 이야기를 들어보게, 크리톤

↑ 나라 법

절친 크리톤의 탈옥 권유

 쏘리!

이유는 세 가지

logos

 대중의 의견은 항상 옳다(x)

 정의

자식들
교육에도
도움이 안 되오.

탈옥은
법률과 나라를
파멸시킬 것이오.

이승에서도
저승에서도
좋지 않을 것이오.

오 마이...
질린닷.

그렇다면,
잘 가게. 친구...

정의를 위해...
원샷.

야옹샘 본명은 '이양호'이고, 호가 '야옹野翁(들 야, 늙은이 옹)'이다. 야옹샘 스스로도 알아차리지 못했지만, 본명의 발음과 비슷한 '야옹'으로 호를 지었다. 그래서 아이들은 야옹샘이라고 부르게 되었다. 선생님이 없을 때 '야옹~!' 하며 놀리기도 한다. 실제 생김새도 고양이를 닮았다. 웃을 때 눈가에 주름이 잡혀있고 입가에는 고양이 수염이 난 듯 하다(전생에 고양이였을지도 모른다). 야옹샘은 시대의 배경 지식, 후대의 역사 논쟁들, 동서양의 비슷한 사례 등을 밝혀서 학생들이 좀 더 풍부하게 고전을 이해할 수 있도록 도움을 준다.

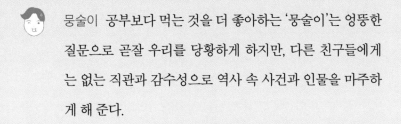

뭉술이 공부보다 먹는 것을 더 좋아하는 '뭉술이'는 엉뚱한 질문으로 곧잘 우리를 당황하게 하지만, 다른 친구들에게는 없는 직관과 감수성으로 역사 속 사건과 인물을 마주하게 해 준다.

범식이 틈만 나면 동네 도서관에 가서 책을 읽는 전교 1등 범생이 '범식이'는 얼굴도 잘생긴 데다 모르는 게 없을 정도로 두루두루 해박하여, 선생님들은 물론 여학생들의 사랑을 한 몸에 받는다. 생각의 가지를 사방팔방으로 뻗쳐 나가게 해준다.

캐순이 조금만 의심이 가도 그냥 넘어가는 법이 없는 '캐순이'는 깨알 같은 질문을 퍼부어, 역사 인물들의 꿍꿍이를 거침없이 헤집어낸다. 소크라테스의 의도를 잘 파악하는 데 도움을 준다.

세계의 평화는
이 세계를 공평하게 감싸는 법률,
그것의 올바른 적용,
그리고 편파적이지 않은 실행에 달려 있다.

그런 세상을 함께 만들어갈
젊은 영혼들에게
소크라테스의 삶을 한 자락 감히 보낸다.

소크라테스의 절친 크리톤의 방문

야옹샘! 크리톤은 누구죠?

야옹샘 그는 어릴 적부터 소크라테스와 함께 뛰어놀며 자란 소크
라테스의 절친이에요. 하지만 두 사람의 성향은 많이 달랐
어요. 소크라테스는 돈 버는 덴 관심이 없고 오직 영혼을
깨끗하게 하는 일에만 힘을 기울였던 데 반해, 크리톤은 철
학적인 소양은 별로였어요. 대신 그는 돈 버는 재주가 있었
는지 상당한 부자였죠. 소크라테스는 잘 알다시피 돈을 못
벌었고요. 이렇게 둘은 한참 달랐어요. 그렇지만 둘 사이는
아주 좋았어요. 소크라테스의 사형 언도를 막기 위해, 크리
톤을 중심으로 몇 안 되는 사람들이 숙련공의 10년 연봉에
해당하는 벌금을 내겠다고 약속할 정도로 우정이 깊었죠.
그 제안은 결국 받아들여지지 않고 사형이 선고되었지만

요. 사형집행일이 다가오자 크리톤은 친구가 사형당하는 것을 견딜 수 없어 소크라테스에게 탈옥을 권해요. 이에 두 친구는 탈옥 문제에 대해 토론하죠. 이 논의를 글로 옮겨놓은 게 우리가 읽을 《크리톤》이에요. 영화로 치면 롱테이크로 찍은 단 한 장면인데, 그렇다는 생각이 안 들 정도로 뭉클하고 짜릿하면서도 얼얼한 말이 깊이 있게 펼쳐지죠. 자, 그럼 관객석에 앉아볼까요?

 소크라테스 이 시각에 무슨 일인가, 크리톤? 아직 이른 아침이 아닌가?

크리톤 분명 이른 시각이지.

소크라테스 몇 시쯤인가?

크리톤 동이 막 트려하네.

소크라테스 감옥지기가 자네의 청을 들어주었다니 놀랍구먼.

크리톤 이곳에 자주 오다 보니 그와 친해졌다네, 소크라테스. 내가 그에게 친절을 좀 베풀기도 했거든.

소크라테스 지금 막 온 건가? 아니면 온 지 꽤 된 건가?

크리톤 꽤 되었네.

소크라테스 곧장 깨우지 않고 왜 잠자코 앉아만 있었나?

크리톤 제우스에 맹세코 안 될 말일세, 소크라테스! 이런 불행 속에선 나라도 오래 깨어있고 싶지 않았을 걸세. 자네가 평온하게 자고 있는 모습을 보며 나는 감탄하고 있었다네. 자네가 겪을 고통을 가능한 줄이고 싶어 일부러 깨우지 않은 것도 있지만 말일세. 나는 늘 자네가 행복한 사람이라고 생각했지만, 이런 재앙을 자네처럼 간단하고 평온하게 견뎌내는 모습을 여태껏 어디에서도 본 적이 없네.

소크라테스 이만큼이나 나잇살을 먹고서도 죽음에 가까워지는 것에 안절부절 못해 한다면 꼴새 사나운 일 아닌가, 크리톤?

크리톤 하지만 소크라테스, 우리만큼 나이를 먹을 대로 먹은 사람들이 자네와 비슷한 불운을 당했을 때는 불운에 쩔쩔매네. 그 나이가 불운에 쩔쩔매는 것을 막아주지는 못하지.

소크라테스 그건 그렇지. 한데 자네는 뭣 때문에 이리 일찍 왔는가?

크리톤 슬픈 소식을 가지고 왔네, 소크라테스. 자네에게야 그렇지 않겠지만, 나를 포함해 자네를 친구로 여기는 모든 사람에게는 견디기 힘든 소식일세. 내가 견뎌야 할 가장 슬픈 소식이라네.

소크라테스 무슨 소식인데 그런가? 혹시 그 배가 델로스 섬에서 돌아온 건가? 돌아오면 내가 죽어야만 하는 그 배 말일세.

크리톤 아직은 아닐세. 하지만 수니온 곶(항구)에 도착한 배에서

델로스 섬

레토 여신이 제우스의 아이를 갖게 되어 제우스의 아내인 헤라의 눈을 피해 출산하기 위해 찾았던 섬으로, 레토는 이 섬에서 아폴론과 아르테미스를 낳았다.

내려 여기 도착한 사람들 말에 따르면, 그 배는 오늘 이곳에 이를 것 같네. 그러니 내일이 자네가 살아 있을 마지막 날이 될 것 같아서 하는 말일세, 소크라테스!

뭉술 "돌아오면 내가 죽게 되는 그 배"라니, 소크라테스의 죽음에 배도 얽혀 있나?

캐순 "배가 델로스 섬에서 돌아왔다는 것인가?"라고 묻고 있는 걸 보니, '델로스 섬'과 관계가 있을 것 같아.

아테네가 주위 폴리스(고대 그리스의 도시 국가)들과 맺었던 '델로스 동맹*'의 그 델로스와 관련돼 있겠지. 소크라테스가 죽게 된 것이 아테네를 중심으로 한 '델로스 동맹'과 스파르타를 중심으로 한 '펠로폰네소스 동맹†'의 전쟁에 따른 여파와 관계가 있잖아. 직접적인 것은 아니지만…….

캐순 델로스는 조그만 섬인데, 왜 동맹 이름을 델로스라고 불렀지?

범식 델로스 섬이 종교적으로 특별해서, 그 섬에 동맹국의 금고를 보관하고 또 거기서 동맹 회의를 하기도 했거든. 그래서

---

* 그리스 연합국이 페르시아의 침략을 물리친 뒤, 페르시아의 재침략을 막고 또 스파르타의 독주를 막기 위해 '아테네'를 맹주로 하여 맺은 동맹이다.

† 그리스 연합국이 페르시아의 침략을 물리친 뒤, 페르시아의 재침략을 막고 또 아테네의 떠오름을 막기 위해 '스파르타'를 맹주로 하여 맺은 동맹이다.

나중에 '델로스 동맹'이라 불리게 됐어. 스파르타와 본격적으로 전쟁에 들어가기 전에 그 금고를 아테네로 옮겨와 버렸지만.(기원전 454년)

야옹샘 맞아요. 하지만 소크라테스의 사형 집행을 선언하는 이 배는 델로스 동맹과는 관계가 없고, 아테네의 영웅 테세우스*와 관계있어요.

범식 테세우스는, 사람의 몸에 황소의 얼굴을 한 괴물 미노타우로스를 죽인 사람이잖아요!

 테세우스와 얽혀 있는 배가 소크라테스의 죽음과 얽혀 있다고? 흥미진진하군!

뭉술 테세우스와 배가 어떻게 얽혀 있지?

야옹샘 아테네는 크레타 섬의 크노소스 궁전에 사는 괴물 미노타우로스의 먹이로 매년(판본에 따라 3년, 7년, 9년 등 다양하다) 젊은 남녀 일곱 쌍을 바쳐야 했는데, 테세우스가 크레타에 가서 괴물 미노타우로스와 맞장을 뜨겠다며 일곱 쌍 희생 명단에 자기 이름을 올리고 크레타로 갔어요. 그런데 크레타는 그리스 남쪽에 덩그렇게 떠있어 배를 타고 갈 수밖에 없는 섬이죠.

---

* 헤라클레스가 그리스 전체의 영웅이라면, 테세우스는 아테네의 영웅이다. 아테네 왕 아이게우스가 아버지이고 아이트라가 어머니이다.

캐순   아테네는 왜 크레타에 그렇게 굴욕적이고도 잔인한 제물
       을 올리게 되었지?

뭉술   그야 전쟁에서 졌으니까 그랬겠지.

캐순   물론 그랬겠지. 왜 전쟁이 일어났을까?

범식   크레타의 왕 미노스*에겐 안드로게오스라는 아들이 하나
       있었어. 그가 아테네 올림픽에 참가했다가 그의 우승을 시
       기한 아테네인에게 살해당해(전쟁에서 죽었다는 설, 황소에 받쳐
       죽었다는 설도 있다), 크레타와 아테네 사이에 전쟁이 터졌지.
       아테네가 져서 사람 제물을 바쳤을 테고……. 그나저나 황
       소 대가리를 하고 있는 미노타우로스는 어떻게 생겨났지?

야옹샘   바다의 신 포세이돈†이 크레타의 왕 미노스의 권력을 뒷받
       침하는 징표로 '흰 소'를 보냈어요. 하지만 이 소는 다시 포
       세이돈에게 바치기로 약속이 되어 있었죠. 크레타의 왕 미
       노스가 흰 소를 보았는데, 그 소는 너무나 아름다웠어요.
       미노스는 흰 소에 흠뻑 빠졌죠. 그는 소에 쏠리는 마음을
       다스리지 못하고, 그 소를 빼돌렸어요. 신에겐 다른 소를
       내밀었죠. 돌려줘야 할 신의 것을 미노스는 돌려주지 않고

---

*   제우스와 에우로페 사이에서 난 아들로, 그리스 최초로 함대를 만들어 에게 해를 그의 앞
     뒤마당으로 만든 전설의 왕이다.

†   바다의 신으로 올림포스 12신 중 하나이며, 포세이돈은 대지의 주인이라는 뜻이다.

제 것인 양 만끽하며 희희낙락했어요.

캐순 돌려줘야 할 '신의 것'을 돌려주지 않고 제 것으로 착복했다! 그래서 소가 괴물로 바뀌었나요?

범식 그런 건 아니고 그 흰 소가 괴물을 낳았어.

캐순 괴물을 낳았다면 괴물로 바뀌었다고 해도 상관없겠군.

뭉술 흰 소가 암소였나 보지?

범식 아니, 수컷이야!

뭉술 뭐? 깜놀~ 숫놈이 새끼를 낳았다고? 어찌 그런 일이!

 그게 아니라, '낳았다'는 건 만들었다는 뜻이야. 수컷과 암컷이 만나야 새끼가 생기니까 수컷도 새끼를 낳았다고 할 수 있지. "아버지 날 낳으시고"란 노래 구절도 있잖아.

캐순 흰 수컷 소의 씨를 잉태한 짝은 누군데? 신의 것을 착복한 미노스는 아닐 테고.

범식 궁중에서 그 소에 욕심을 품은 사람은 미노스만이 아니었어. 미노스의 왕비인 파시파에 역시 그 소에 푹 빠져버렸지.

 헐~ 그 남편에 그 아내였구만!

범식 이런 걸 문자로 부창부수夫唱婦隨(남편이 무슨 일을 하면 아내도 그에 따라한다는 뜻)라 하지.

뭉술 범식이 너는 사자성어를 어찌 그리 많이 아냐?

범식 난 어릴 때부터 '야옹 샘 서당'에서 공부했자네~.

26

야옹샘   왕비 파시파에는 흰 소를 향한 욕정을 참을 수 없었어요. 어
         느 정도였냐면, 그 소와 관계를 맺지 않고서는 견딜 수 없을
         만큼이었죠. 끝내 흰 소와 관계를 맺고 말았는데, 임신이 되
         어버렸어요. 아이를 낳고 보니 몸통은 사람인데 얼굴은 소
         였죠. 바로 미노타우로스(미노스의 황소라는 뜻)를 낳은 거예
         요. 미노스 왕은 신탁 때문에 미노타우로스를 죽일 수도 없
         었죠. 대신 그는 최고의 손 재주꾼 다이달로스를 불러 미궁
         (labyrinth), 즉 미로를 만들게 했어요. 그 속에 미노타우로스
         를 가두고 먹이만 넣어주었죠. 그런데 미궁이 어찌나 교묘하
         게 만들어졌는지 한번 들어간 사람은 나올 수가 없었어요.

뭉술   그 먹이가 바로 아테네에서 바친 일곱 쌍의 소년 소녀였겠
         네요?

야옹샘   맞아요. 그러던 어느 날 매년 반복되는 이 비참함을 견딜
         수 없었던 테세우스가 아테네 왕이자 아버지인 아이게우
         스에게 자신을 그 먹이로 보내달라고 졸라 허락을 받았어
         요. 크레타로 가는 배에 오르기 전에 그는 이 문제를 잘 해
         결하면 해마다 델로스로 축제 사절단을 보내겠다고 아폴
         론 신께 서원을 했지요. 그리고 아테네인에겐 '미노타우로
         스를 죽이는 데 성공하면 돌아올 때 흰 깃발을 달고, 실패
         하면 검은 깃발을 달게 하겠다'라고 약속하고 떠났죠.

캐순 　미노타우로스는, 들어가긴 해도 빠져나올 수 없는 미궁에
　　　　살고 있었다면서요? 설사 테세우스가 미노타우로스와 싸
　　　　워 이긴다 하더라도 그곳에서 나올 수 없는데 어떻게 성공
　　　　이 가능하죠?

 　그 문제는 빤하지만 충격적인 방식으로 해결돼요. 또 한 명
　　　　의 눈 먼 사람이 이 궁전에 살고 있었어요. 테세우스를 보
　　　　자마자 한눈에 뿅 가 마음을 빼앗긴 크레타의 공주 아리아
　　　　드네*가 그 주인공이에요. 그녀가 문제를 해결해 줬죠.

범식 　미궁으로 들어갈 땐 실뭉치를 풀면서 들어가고, 나올 땐 풀
　　　　어 놓은 실을 따라 나오라며 크레타의 일급비밀을 알려줬
　　　　어. 테세우스는 그녀의 말대로 실꾸러미를 풀며 안으로 들
　　　　어가, 미노타우로스를 죽이고 유유히 나왔지. 하지만 이게
　　　　끝이 아니야.

뭉술 　미궁으로 들어갈 일이 있으면 꼭 실타래를 챙겨가야겠군!
　　　　또 뭐가 있는데?

범식 　테세우스의 미노스 왕에 대한 복수 혈전이 벌어졌지. 아리
　　　　아드네의 도움을 받아 크레타의 배에 구멍을 내고 아리아
　　　　드네와 도망을 쳤어. 그녀의 아버지인 미노스 왕과 오빠는

---

* 　미노스와 파시파에 사이에서 났다. 테세우스와 염문을 뿌렸지만 정작 테세우스의 아내가
　　된 사람은 아리아드네의 동생인 파이드라였다.

급히 배를 타고 뒤쫓았지. 정신없이 뒤쫓느라 배의 상태를 살필 겨를이 없었어. 바다 한가운데 이르렀는데 배가 이상했어. 이미 배에 물이 상당히 차올랐던 거지. 그 둘은 물속으로 들어갈 수밖에 없었어. 꼬르륵~!

뭉술 아리아드네는?

범식 아버지와 오빠가 물속으로 가라앉는 걸 지켜보는 수밖에 다른 방법이 있겠어?

캐순 그것을 지켜보는 마음이 얼마나 갑갑하고 괴로웠을까? 그래도 아리아드네에겐 테세우스가 남아 있어 다행이야.

범식 캐순이 말은 맞기도 하고 틀리기도 해.

그게 무슨 말이야? 설마 나의 테세우스가 배신을?

범식 아리아드네에겐 테세우스가 있었지만, 테세우스에겐 아리아드네가 없었으니까! 둘은 함께 배를 타고 오다 낙소스 섬에 들렀어. 아리아드네는 그 동안 정신적으로 너무 힘겨웠는지 섬에 오르자마자 잠에 빠졌지. 이 뒤부터는 여러 버전이 있는데 오비디우스가 《변신이야기》*에서 말해준 게

---

* 오비디우스는 로마의 아우구스투스 황제의 딸·손녀와 놀아난 대가로 유배를 갔다. 거기서 쓴 작품이 《변신이야기》이다. 이 책의 많은 부분은 그리스 신화를 번안한 로마 신화로 되어 있지만, 그리스·로마 신화의 가장 중요한 버전으로 꼽힌다. 오비디우스는 이 책에서 소아시아와 트로이 전쟁사, 그리고 로마의 건국 신화를 한 줄로 꿰어 아우구스투스를 신성화했다.

가장 널리 알려져 있어. 아리아드네가 잠든 모습을 본 테세우스는 서둘러 아테네에서부터 함께했던 사람들을 불러 모았지. 배에 오르라고 한 뒤 아무 일도 없었다는 듯 물결을 가르고 나갔어.

캐순 뭐? 아리아드네를 버려두고?

범식 응! 오비디우스만이 아니라, 아리아드네가 테세우스와 함께 아테네에 갔다고 전하는 그리스 신화 버전은 없어.

이 배신자! 나쁜 남자 테세우스! 배신당한 아리아드네는 이제 어떻게 살아가라고?

뭉술 테세우스가 캐순이 네 남친이라도 되냐? 왜 이렇게 흥분하고 난리셔? 그리고 아리아드네가 먼저 배신했잖아. 아버지와 오빠, 그리고 나라를!

캐순 그렇게까지 하며 얻은 사랑에 배신당했으니 하는 소리잖아.

야옹샘 하지만 이런 일련의 일들이 아리아드네를 비참하게 만들었다고만 할 수는 없어요. 인간 너머 신의 세계를 맛볼 수 있었거든요.

뭉술 그녀가 신이 되었나요?

야옹샘 그건 아니지만, 바쿠스 신, 즉 디오니소스 신이 잠들어 있는 아리아드네에게 푹 빠지게 되거든요. 둘은 부부가 되어 자식도 낳고 잘 살다가 인간의 시간이 다해 아리아드네는

디오니소스

디오니소스는 포도나무와 포도주의 신이며, 세멜레와 제우스의 아들로 로마 신화의 바쿠스Bacchus에 해당한다. 제우스와 세멜레가 놀아난 것을 안 헤라가 세멜레의 어린 시절 유모로 변장을 하고 세멜레에게 다가와, 늘 모습을 바꿔 나타나는 제우스가 어떻게 '진짜 제우스'인지 아냐며 불신의 마음을 불어넣는다. 세멜레는 제우스에게 부탁을 한 가지 들어달라고 하고, 제우스는 스틱스 강에 걸고 사랑하는 여인의 부탁을 들어주기로 약속한다. 하지만 그녀의 약속은 제우스 자신의 모습을 보여 달라는 것이었고, 그의 모습은 인간의 눈으로는 볼 수 없는 것이기에 결국 세멜레는 제우스가 뿜어낸 광채에 불타 죽고 만다. 그러자 제우스가 세멜레 태내에서 자라고 있던 아이를 꺼내 자신의 넓적다리 속에 넣어 달을 채운 뒤 세상에 내어 놓았다. 그가 디오니소스다.

죽어 별이 되었다고 해요.

 오, 뭔가 짠하면서도 아름다운 이야기네요! 아리아드네가 디오니소스 신과 짝을 이루고, 밤하늘에 빛나는 별이 되었다니……. 테세우스에게 배신당한 것은 슬프지만, 그래도 그런 아리아드네를 디오니소스 신이 사랑해주었다니 정말 다행이에요.

뭉술 그나저나 테세우스는 어떻게 되죠?

야옹샘 그것을 밝히려면 다시 이 이야기 처음으로 돌아가야 해요. 테세우스가 크레타를 향해 떠날 때 아테네인에게 "미노타우로스를 죽이는 데 성공하면 돌아올 때 흰 깃발을 달고, 실패하면 검은 깃발을 달게 하겠다"고 약속했다는 말 기억나죠?

캐순 네. 사랑을 이용하고 배신해 얻은 흰 깃발을 한껏 펄럭이며 아테네로 들어오는 게 눈에 훤히 보이네요!

 아니, 검은 깃발이 나부끼고 있었을걸!

뭉술 그새 또 무슨 일이 일어났군.

 미노타우로스를 죽이고, 크레타의 왕과 그 후계자가 물속으로 빨려 들어가는 것을 보고, 마지막으로 아리아드네를 따돌린 뒤 테세우스는 기분이 묘하면서도 좋았어요. 느긋하게 아테네 항구로 들어왔죠. 하지만 너무나 기분이 좋아

서였을까요? 흰 깃발을 달기로 한 약속을 까맣게 잊고 그
냥 항구로 향했던 거예요.

캐순   검은 깃발을 달았다고요?

야옹샘   네, 맞아요. 틀림없이 배엔 검은 깃발이 달려 있었어요. 크
레타를 향해 떠날 때 달고 있었던 깃발을 그대로 달고 있었
던 거죠. 그땐 희생물로 가는 거라 검은 깃발을 달았었는데
말이죠!

 그게 무슨 문제라도 되나요? 괴물 미노타우로스를 죽이고
돌아오는 길이라는 게 금방 확인이 될 텐데.

범식   과연 그럴까? 테세우스의 아버지 아이게우스는 검은 깃발
을 보고 절망해 그 길로 바다를 향해 몸을 던졌다고. 아이
고~ 아부지!

뭉술   쯧쯧. 아리아드네의 아버지나 테세우스의 아버지나 같은
꼴이 되었군!

범식   하지만 아이게우스가 더 나았다고 해야겠지. 그를 기념해
아테네인은 그가 몸을 던진 바다에 '에게'해란 이름을 붙여
주었거든.

캐순   '에게'해의 이름에 그런 사연이 있었다니……. 그런데 이
이야기와 소크라테스의 죽음은 어떻게 얽혀 있는 거지? 테
세우스가 미노타우로스의 먹이가 되어 크레타로 가는 배에

오르기 전에 아폴론 신께 맹세하며 기도한 것과 관계있나?

야옹샘 캐순이 말이 맞아요. 테세우스가 아폴론에게 "이 문제를 잘 해결하게 도와주면 해마다 델로스로 축제 사절단을 보내 아폴론 당신을 예배하겠다"라고 맹세한 대로 아테네인은 매년 델로스로 축제 사절단을 보냈어요.

뭉술 소크라테스 때까지도요?

옙! 축제 때 아테네에서 크레타까지 배를 타고 갔다 오는데 대략 한 달쯤 걸렸어요. 아테네인은 이 축제를 신성하게 치르려고 축제 행차를 위해 배를 장식하는 그 순간부터 델로스에 갔다가 되돌아 올 때까진 법적으로 사형 집행을 금지시켰어요. 공교롭게도 소크라테스 재판 바로 전 날이 그 배를 장식하기 시작하는 날이었다고 해요. 보통은 사형 집행이 바로 이루어지는데, 이런 이유 때문에 소크라테스는 한 달을 더 이 땅에 머물게 된 셈이죠. 그 사이에 크리톤이 소크라테스에게 여러 차례 탈옥을 권했어요. 그래서 소크라테스가 탈옥 문제에 대해 요리조리 따져볼 수 있었던 듯해요.

그 배가 아니었으면,《크리톤》 책도 없었겠는데?

범식 그랬으면, '악법도 법이다'라는 그 유명한 말도 생겨나지 않았겠지!

34

소크라테스 어찌되든 크리톤, 행운이 우리와 함께하기를! 오늘 배가 도착하는 것이 신들의 마음에 든다면, 그렇게 되길 바라야겠지. 하지만 내 생각에, 그 배는 자네의 예상보다는 하루 더 있다가 도착할 걸세.

크리톤 그렇게 생각하는 까닭이라도 있는가?

소크라테스 내 말해 줌세. 배가 도착한 뒤, 그 다음날 내가 죽게 되어 있지 않은가?

크리톤 이 사건 담당자들이 그렇게 말하더군.

소크라테스 내 생각에 그 배는 지금 밝아오고 있는 이날이 아니라, 하루 더 지나서야 도착할 것 같네. 내가 간밤에, 아니 방금 꾼 꿈 때문에 그렇게 생각하네. 자네가 여기에 오자마자 나를 깨우지 않길 잘 했네.

크리톤 무슨 꿈을 꾸었기에 그런가?

소크라테스 곱고도 아름다운 여인이 소복 차림으로 내 앞에 나타나더니만 나에게 말했네.

"오오, 소크라테스! 그대는 셋째 날, 기름진 프티아에 이르게 될 것이오."

캐순   죽을 날이 가까워지니 꿈도 신통해졌나 보지?

 아름답고 고운 여인이 소크라테스 꿈속에서 했다는 말은

그리스인에게 아주 특별한 말이에요. 그들에게 경전이자 삶의 교과서였던 《일리아스》[*]에 "나(아킬레우스)는 사흘째 되는 날 기름진 프티아에 닿게 될 것이다"라고 말하는 부분이 있거든요.

캐순 아킬레우스는 그리스를 구원한 영웅인데, 소크라테스가 그런 사람에게 빗대어지고 있는 거라고 해야 하나?

범식 '프티아'는 테살리아에 있는 아킬레우스의 고향이니까, "나(아킬레우스)는 사흘째 되는 날 기름진 프티아에 닿게 될 것이다"란 소리는 아킬레우스가 사흘째 되는 날에 전쟁터를 벗어나 고향에 가 있을 거라는 뜻이죠?

 오~ 우리 범식이 대단하다!

야옹샘 네, 범식이 말대로 그날을 포함해서 사흘 만에라는 뜻이에요. 고향의 의미가 약간 다르긴 하지만요.

뭉술 소크라테스가 그 소리를 꿈속에서 들은 것과 아킬레우스가 사흘 후에 고향에 가는 것이 무슨 관계지?

 아킬레우스가 소크라테스의 자의식이었던 거 아닐까?

범식 《소크라테스는 한번도 죽지 않았다》[†]를 보면, 소크라테스

* 그리스에서 가장 오래된 책으로 호메로스가 지었다. 트로이 전쟁 이야기로, 아킬레우스와 헥토르, 아가멤논 등이 주요 인물이다.

† 이양호 지음, 《소크라테스는 한번도 죽지 않았다—《변론》 단단히 읽기》(평사리, 2017).

가 자신의 삶을 헤라클레스의 12고역에 빗대기도 하고, 아킬레우스의 삶의 방식을 끌어와 자기 삶의 방식을 정당화하기도 했었잖아?

캐순 하지만 그 둘의 삶이 꽤 동떨어져 있다는 점에서 다르게 생각하는 게 좋지 않을까?

야옹샘 저도 그렇게 생각해요. 그리스인에게 아킬레우스는 워낙 특별한 존재인지라, 그들에게 아킬레우스의 고향 '프티아'는 모든 사람들의 고향을 표상했어요. 그런데, 모든 사람의 고향은 어디일까요?

뭉술 모든 사람의 고향이라면 죽음 아닐까?

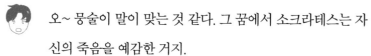 오~ 뭉술이 말이 맞는 것 같다. 그 꿈에서 소크라테스는 자신의 죽음을 예감한 거지.

캐순 아킬레우스와 소크라테스 둘 다 그리스를 위해 살다 목숨을 바쳤다는 점에서 두 사람의 삶이 동떨어졌다고는 할 수 없지!

뭉술 인정!

02

돈 좀 있는 친구
크리톤의 탈옥 권유

걱정 말게, 소크라테스.
내가 돈 좀 있으니
자네를 빼내주겠네.

크리톤 참 묘한 꿈일세, 소크라테스!

소크라테스 아니, 꿈이 뜻하는 바는 아주 분명하네. 내 생각엔 그렇다네, 크리톤.

크리톤 그래, 아주 분명하겠지. 하지만 여보게, 친애하는 소크라테스! 지금이라도 내 말대로 해서 목숨을 구하게! 자네가 죽으면 내가 겪어야 할 불행이 한두 가지가 아니란 말일세. 두 번 다시는 소중한 내 친구를 만나지 못한다는 게 다가 아니네! 자네와 나를 잘 모르는 사람들은 내가 돈을 썼더라면 자네를 구할 수 있었을 텐데 그러지 않았다고 입방정을 떨 걸세. 친구 목숨보다 돈을 더 귀하게 여긴다는 소문이 퍼지는 것보다 더 부끄러운 일이 있겠는가? 우리가 자네를 빼내려 무던히도 애를 썼지만, 도망치는 걸 자네가 원하지 않았다는 사실을 웬만한 사람들은 믿지 않을 걸세.

소크라테스 그렇지만 크리톤, 우리가 대중이 내리는 평판에 그토록 신경 써야 할 이유가 뭔가? 우리가 더 존중해야 할 사람, 즉 분별력이 빼어난 사람들은 실제로 일어난 그대로를 믿을 걸세.

크리톤 하지만 소크라테스, 자네도 알다시피 우리는 대중 속에서 흘러나오는 평판에도 신경을 쓰지 않으면 안 되네. 지금 이 일만 해도 그렇지 않은가? 어떤 사람이 대중에게 밉보이면, 대중은 그에게 살짝 해코지하는 것으로 끝내지 않을 수도 있네. 그들이 할 수 있는 최대의 해악을 끼칠 수 있단 말일세.지금 자네가 처한 상황이 그것을 보여주지 않는가?

소크라테스 크리톤, 나는 대중이 정말로 못된 짓을 할 능력이 있었으면 좋겠네. 그러면 그들이 정말로 선한 일도 할 수 있을 테니까 말일세. 그럴 수만 있다면 참으로 좋은 일이지! 실상 그들은 어느 쪽도 할 수 없다네. 그들은 필연적인 방식으로는 사람을 지혜롭게도 어리석게도 만들 능력이 없거든. 그들이 하는 것은 그저 우연의 결과물일 뿐이라네.

대중에게 모함당하면 최대의 해악을 받을 수 있다는 말이 예사롭지 않게 들리는군. 왕따 문제도 심각하잖아?

캐순   맞아. 그리고 평화스런 시기라면 심각하지 않을 수도 있겠지만, 전쟁이나 내란이 벌어질 때 대중의 모함은 치명석이라는 걸, 우리 역사가 보여줬잖아.

야옹샘   소크라테스가 실제로 경험했던 전쟁과 내란을 다룬《펠로폰네소스 전쟁사》*에도 그 점이 잘 나와 있어요. 아테네의 도움을 받아 정권을 뒤집은 케르키라에서 그 나라 대중들

---

*   투퀴디데스가 쓴 책으로, 그리스 세계 전체가 아테네와 스파르타, 두 진영으로 나누어 싸운 '펠레폰네소스 전쟁'을 기술한 보고서이다. 이 책으로 그는 서양인으로부터 역사학의 아버지란 소리를 듣게 되었다.

이 벌인 잔혹한 일에 대한 투퀴디데스*의 보고를 읽어 보죠. 이 일은 소크라테스가 한창 활동할 때 일어난 일이라는 사실을 떠올리며 읽으면 크리톤의 말이 좀 더 실감날 거예요.

"에우뤼메돈†이 60척의 함선을 이끌고 도착해 일곱 날을 머무르는 사이 케르키라인들은 자신들이 적으로 간주한 시민들을 계속 학살했다. 희생자들에게는 민주정부를 전복하려 했다는 죄명이 씌워졌다. 그러나 더러는 개인적인 원한 때문에 죽었고, 더러는 돈을 빌려준 까닭에 채무자의 손에 죽기도 했다. 죽음은 온갖 모습으로 다가왔고, 그러한 상황에서 있을 법한 모든 일이, 아니 더 끔찍한 일들이 일어났다. 아버지가 아들을 죽이기도 했고, 신전에서 끌려나와 신전 옆에서 살해되는 사람들도 있었다. (……)

이 모든 악의 근원은 탐욕과 야심에서 비롯된 권력욕이었으며, 일단 투쟁이 시작되면 이것이 광신 행위를 부추겼다. 여러 나라의 정파 지도자들은 한쪽에서는 대중의 정치적 평등을, 다른 쪽에서는 건전한 귀족정치를 내세우며 그럴듯한 정치 강령을 표방했다.

---

* 기원전 460년부터 400년까지 살았던 아테네인으로, 암피폴리스의 장군이었다. 하지만 기원전 424년 스파르타군에게 암피폴리스를 빼앗겨 아테네에서 추방당했고, 추방당한 기간 동안《펠로폰네소스 전쟁사》를 썼다.

† 아테네의 장군으로, 기원전 413년 시켈리아 전투에서 전사했다.《오이디푸스 왕》을 지은 소포클레스와 함께 참전하기도 했다.

그러나 그들은 말로는 공공의 이익에 봉사한다면서도 사실 공공의 이익을 전리품으로 여겼다. 그들은 반대파보다 우위를 차지하기 위해 수단과 방법을 가리지 않고 경쟁하며 극단적인 잔혹 행위를 일삼았으며, 정의나 국익을 무시하고 반대파보다 더 잔인하게 보복했다. 그들은 그때그때 자신이 속한 정파를 즐겁게 해주는 것만을 행동 기준으로 삼았으며 (……) 중립을 지키려던 시민들은 투쟁에 참가하기를 거절했기 때문이든, 그들만이 살아남게 될까 시새움을 샀기 때문이든, 극단으로 흐르는 두 정파의 희생양이 되었다.

이처럼 내란 때문에 헬라스(고대 그리스인들이 자신들의 나라를 부르던 이름—편집자) 세계 전체가 도덕적으로 타락했으며, 고상한 성품의 특징인 순박함은 조롱거리가 되어 자취를 감추었다. 세상은 이념적으로 적대하는 두 진영으로 나뉘었고, 두 진영이 서로 불신하는 것이 유행이 되었다.[*]

뭉술   역시 사람들은 이렇게 잔인할 수도 있어. 그런데 소크라테스는 왜 '사람들은 최대의 해악도 최대의 선도 행할 수 없다'고 말했지? 난 이해가 안 돼.

---

[*]   투퀴디데스 지음, 천병희 옮김, 《펠로폰네소스 전쟁사》(숲, 2011), 286~289쪽.

범식   난《변론》*에서도 들었던 소리를 소크라테스가 반복하고
       있다는 생각이 들어. 이런 사람들, 즉 감정에 휘둘려 멋대
       로 구는 자들도 사람에게 가장 중요한 것만큼은 해칠 수 없
       다는 거지.

뭉술   어…… 사람에게 가장 중요한 게 뭐였더라?

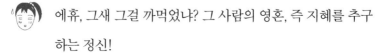 에휴, 그새 그걸 까먹었냐? 그 사람의 영혼, 즉 지혜를 추구
       하는 정신!

범식   사람들은 한 사람에게서 목숨을 빼앗을 순 있어. 그렇지만
       정신엔 손도 댈 수 없지. 자기 자신의 영혼을 좋게도 또 나
       쁘게도 할 수 있는 사람은 오직 '자기 자신' 뿐이라는 생각
       에, 소크라테스는 '사람들은 최대의 해악도 최대의 선도 행
       할 수 없다'고 말한 거 아닐까?

크리톤 대중이 끼칠 수 있는 해악에 대해선 그렇다고 해두세. 하
지만 다음에 대해선 어떻게 생각하는지 말해주게, 소크라테스.
혹시 자네는 나나 다른 친구들을 걱정하고 있는 것은 아닌가?
자네가 탈옥하면 자네를 빼돌렸다고 해서, 나를 비롯한 자네의
친구들이 밀고자들에게 괴롭힘을 당할 거라고 걱정하고 있는 건

---

*   플라톤이 지은 작품으로 우리나라에서는 보통《소크라테스의 변명》이라고 칭한다. 소크
     라테스가 법정에서 자신의 무죄를 논증하는 모습을 생생하게 다루었다.

소크라테스와 제자들

오른쪽에선 도끼날이 춤을 추고, 말 탄 장수의 손에서 칼날이 번뜩인다. 왼쪽에선 병사가 완전 무장한 채 방패와 창을 들고 서있다. 이런 장면 한 가운데에서 소크라테스와 그의 제자들은 '말'을 나누고 있다. 십 대쯤으로 보이는 제자가 턱을 괴고 있는 꼴은 칼과 창에서 얼마나 멀리 있는가!

아니냐 말일세. 우리가 전 재산을 뺏기거나 거액의 벌금을 문다거나, 아니면 또 다른 벌을 받게 될 것이라 생각하는 게 아닌가? 그런 것이라면 걱정 말게. 우리는 자네를 구할 수 있다면 그런 위험을, 아니 그보다 더한 것이라도 감당하는 게 옳다고 여기니까 말일세. 자, 내가 시키는 대로 하게. 거절해선 안 되네!

소크라테스 그것도 걱정거리 가운데 하나이긴 하네. 하지만 그것만 걱정이 되는 게 아닐세, 크리톤.

뭉술   오~ 크리톤은 의리가 짱인데~! 나랑 비슷하군.

     사형수를 탈옥시키는 것은 중대한 범죄야. '의리'라고만 할 수는 없어.

뭉술   친구를 위해 엄청난 위험을 무릅쓰는 게 의리 아니면 뭐가 의리인데?

범식   의리는 올바른 것을 감당할 때만 쓸 수 있는 말이야. 범죄를 돕거나, 함께 범죄를 저지르는 건 더도 덜도 아니고 '공범자'일 뿐이야. 깡패, 양아치들이지! 아, 그러고 보니 깡패 의리라고 할 수는 있겠다.

캐순   범죄를 돕는 건 깡패 의리일 뿐, 말 그대로의 의리가 아니란 점에 나도 동의해. 비뚤어진 우정이라고 해야겠지.

     뭐? 너네 지금 제정신이야? 소크라테스는 성인으로 추앙

받는 사람이야. 범죄자가 아니라고! 둘 다 약을 먹었나?

 워워~ 진정하라고! 지난번에 《변론》을 읽으면서도 소크라 테스가 범죄자가 아니라는 사실은 확인할 수 있었지.

범식　나도 소크라테스가 죄를 지었다고는 생각지 않아.

뭉술　그러니까 크리톤의 우정을 깡패 의리, 심지어는 양아치 의 리라고 해서는 안 되는 거잖아?

 오케이. 인정! 그 말은 내가 지나쳤다는 생각이 든다. 그래 도 탈옥을 하는 건 문제라고 생각해. 크리톤의 행동을 의리 라고 해야 하는가에 대해선 여전히 의문이고.

캐순　사형수인 친구를 감옥에서 빼돌려서라도 살리겠다는 우 정! 문제 있는 것 같기는 한데, 나는 멋지다는 생각이 든다.

뭉술　캐순이는 조금 제정신으로 돌아왔군. 다른 누구도 아닌 소 크라테스를 살리려는 거잖아?

범식　사약을 마셔야 할 사람이 다름 아닌 소크라테스라는 게 나 도 마음에 걸리기는 해. 그래도 내 생각이 여전히 옳다고 생각해. 소크라테스가 탈옥을 안 한 것도 내 생각과 같아서 가 아니었을까?

캐순　만약 소크라테스가 탈옥하면 탈옥을 도운 친구들의 위험 말고, 그가 걱정해야 할 게 또 뭐가 있을까?

크리톤 염려 말게. 적은 돈만 찔러주어도 자네를 빼내줄 사람들이 여럿 있으니까. 그리고 밀고자들은 큰 값을 요구하지 않는다네. 조금의 돈만으로도 그들과 거래를 성사시킬 수 있을 걸세. 자네를 위해 내가 돈을 대겠네. 내가 가진 돈이면 넉넉할 걸세. 내가 혼자 비용을 대는 게 걱정이 되어 꺼림칙한가? 그것 때문이라면 자네를 위해 돈을 대겠다는 이방인들이 있네. 그런 사람들 중 하나인 테베 사람 심미아스는 실제로 이 목적에 사용하려고 거금을 가져왔다네. 그 외에도 케베스를 포함해 자네를 탈출시키기 위해 돈을 내놓을 준비가 되어 있는 사람은 여럿이 있네. 그러니 그런 것이 걱정되어 자네 자신을 구하는 걸 망설이는 일일랑은 하지 말게나!

또한 자네가 법정에서 했던 말, 즉 이 나라를 떠나면 어떻게 지내야 할지 몰라 꺼려진다고 했던 그 말에도 신경 쓰지 말게. 자네가 어디를 가든 사람들이 자네를 반길 테니까. 만약 자네가 테살리아*로 가길 원한다면 그렇게 하게. 그곳에는 자네를 존중하며 보호해 줄 내 친구들이 살고 있으니, 테살리아인 누구도 자네를 해코지하지 못할 걸세. 게다가 소크라테스, 자기 목숨을 구할 수 있는데도 자포자기해 스스로 목숨을 저버리는 게 옳은 일은 아닐 걸세. 자네도 그렇게 여기지

---

* 그리스 중북부에 있는 지방으로 올림포스 산이 있는 곳이다. 신약성경의 〈데살로니카 전·후서〉의 '데살로니카'가 바로 이곳이다.

않을 거라고 생각하네. 자네를 파괴하려고 서두르는 적들의 의도에 맞춰 스스로를 내주는 셈이니까 말일세.

더구나, 자네가 생각하는 것은 자네 자식들을 저버리는 일인 듯하네. 자네에게는 자네 자식들을 양육하고 교육시킬 능력이 있네. 그런데도 애들을 버리고 그들 곁을 떠나겠다니 하는 말일세. 그 애들이 그들의 운명을 잘 치러낼 것이라고 자네는 여기겠지. 하지만 그들은 십중팔구 부모 없는 고아들이 마주치곤 하는 그런 운명에 맞닥뜨리게 될 걸세. 자녀를 양육하고 교육시키는 짐을 끝까지 지지 않으려거든, 애초에 자식을 세상으로 데려와선 안 되네! 이치가 그렇거늘, 자네는 내가 보기에 쉽지만 무책임한 길을 택하는 것 같네. 하지만 자네야말로, 자네가 평생 마음을 쏟은 것은 미덕이었다고 주장하는 사람이 아닌가? 그러니 자네는 훌륭하고 용감한 사람이 갈 길을 골라잡아야만 하네.

캐순   크리톤이 아주 힘있고 자신에 찬 목소리로 소크라테스를 밀어붙이는데?

뭉술   앞에서도 줄곧 소크라테스보다 더 말을 많이 했지만 여기서만큼은 아니었어.

범식   그만큼 탈옥의 명분이 충분하다는 거겠지.

크리톤이 소크라테스의 어린 자식들을 눈앞에 들이대며
설득했어!

캐순 자식이 고아처럼 되는 비참함 앞에 꺾이지 않는 부모가 없
기는 하지.

범식 앞에서 설득했던, 만약 소크라테스가 감방에 그대로 있다
가 사형 당하게 되면 크리톤 자신을 포함해서 친구들이 비
난받게 될 거라며 했던 말보다는 확실히 더 그럴듯하기는
해. 하지만 크리톤이 그 정도면 충분히 설득력이 있다고 여
겨서라기보다는 '오늘 밤'에 탈옥하지 않으면 사랑하는 친
구 소크라테스가 죽게 된다는 데서 오는 '절박함' 때문에
그렇게 막 몰아붙인 거 아닐까?

뭉술 그건 그렇고, 크리톤은 왜 많고 많은 그리스의 폴리스들 중
에서 소크라테스에게 "만약 자네가 테살리아로 가기를 원
한다면"이라고 테살리아를 들먹였을까?

캐순 꿈에 어여쁜 여인이 소크라테스에게 말했잖아. "오오, 소크
라테스! 그대는 셋째 날, 기름진 프티아에 이르게 될 것이
오."라고.

뭉술 그건 죽는다는 의미였잖아. 그리고 프티아랑 테살리아랑
무슨 상관?

 죽는다는 건 상징적인 의미고, 물리적으론 프티아란 곳은

테살리아에 있는 작은 나라야. 크리톤은 그 꿈이 아킬레우스에 연결되는 상징성, 즉 '프티아는 모든 사람의 고향'이라는 뜻을 제거하고, 프티아를 단순히 물리적이고 공간적인 의미로 바꾼 거지.

뭉술   그렇게 바꾸면 뭐가 달라지는데?

캐순   아! 크리톤은 소크라테스가 테살리아에 있는 프티아로 가고 싶어서, 다시 말해 '살고 싶어서' 그런 꿈을 꾸었다고 여긴 거지!

뭉술   생각보다 교묘한데, 크리톤?

 그런데 실제로 소크라테스가 그걸 바라고 한 말일 수도 있지 않을까?

범식   그럼, 소크라테스가 아니지!

뭉술   그럼, 범식이 너는 자식들을 놔두고 죽는 게 옳다는 말이냐?

범식   확대해석하지 마시고~ 크리톤의 말을 더 들어보자.

크리톤 사실 나는 자네를 위해서도 그렇거니와, 자네와 벗 사이인 우리들을 위해서도 자네가 겪게 된 이 사건을 부끄러워하네. 자네에게 일어난 이 모든 일이 사실은 우리, 즉 자네의 벗이라고 하는 사람들의 용기가 부족해서 일어난 것이라고 사람들이 탓할 수 있기에 하는 말일세. 재판이 열리게 한 것부터 글러먹었다고 할 걸세. 여하튼 틀어막지 않고 내버려 둔 재판이 그 모양으로 되게 놔둔 것은 또 어떻다고 하겠는가? 게다가 더할 나위 없이 멍청한 그 판결이, 친구인 우리의 게으름과 비겁 때문에 생긴 것으로 보이는 건 말할 필요도 없을 걸세. 자네를 살릴 수 있었는데 우리가 기회를 놓쳤다고 여겨지지 않겠느냐 말일세.

우리나 자네나 조금이라도 제 구실을 했다면 충분히 자네를 구할 수 있었는데, 우리도 자네도 그러지 않았다고 여겨질 수 있기에 하는 말일세. 꼭 명심하게 소크라테스, 이 일은 자네와 우리에게 해로운 일이기도 하지만 창피스런 일이기도 하다는 걸!

자, 마음을 굳히게나. 아니, 마음을 이미 굳게 먹은 상태여야 하네. 숙고할 시간은 이미 지났네. 다가오는 밤에 모든 걸 끝내야 하니까 말일세. 여기서 더 머뭇거리면 이미 때는 늦네. 더는 어찌해볼 길이 없어진단 말일세. 그러니 소크라테스, 어쨌든 내 말대로 하게. 꼭 그렇게 해야 하네!

범식　크리톤은 다시 소크라테스가 처형되면 크리톤 자신을 포함해 친구들이 받을 비난을 들먹거리고 있어. 소크라테스보다 그 자신에 대한 평판이 더 걱정되었던 건 아닐까?

뭉술　소크라테스가 처형되면 그들이 받게 될 비난과 창피스러

움을 말하긴 했지만, 크리톤 자신에게 해로운 일이라고도 했어. 탈옥을 도운 뒤 받게 될 불이익이 아니라, 소크라테스가 죽는 게 크리톤에겐 해로운 일이라고 했는데도 자신에 대한 평판이 더 걱정되었다고 할 수 있을까?

범식 크리톤이 한 말, "꼭 명심하게 소크라테스, 이 일은 자네와 우리에게 해로운 일이기도 하지만 창피스런 일이기도 하다는 걸!" 이건 그에게 해롭다는 측면보단, 창피스런 일이란 데에 더 무게가 실려 있다고 생각해.

아, 답답해 죽겠네! 그건 그냥 말이고, 친구인 크리톤 자신을 위해서라도 탈옥을 꼭 해달라는 거잖아~!

 일단 진정하고~ 크리톤의 말을 형식적인 측면에서 보면 범식이가 잘 봤지만, '의미'라는 관점에서 보면 뭉술이가 더 잘 봤다고 생각해. 크리톤은 소크라테스가 죽어야 한다는 걸 결코 받아들일 수 없어서 그런 소릴 한 거지.

범식 글쎄다~ 일단 소크라테스의 말을 들어보자.

03

탈옥 권유 거절을
위한
이유 있는 변명

로고스가 없으면 '의견'일 뿐이다

소크라테스 여보게 크리톤, 자네의 열의가 옳은 데서 나왔다면 당연히 그렇게 하는 것이 백번 옳은 일이겠지. 하지만 그렇지 않다면 말일세, 자네의 열의가 뜨거우면 뜨거울수록 그 뜨거움만큼 더 문제가 커진다는 걸 자네는 정녕 모르지 않을 걸세. 그러니 자네의 말에 따라야 할지 말아야 할지 우리는 캐물어봐야 하네.

　나는 늘 곰곰이 따져본 뒤, 나에게 가장 훌륭하다고 생각되는 원리(logos)에 따라 행동해 왔네. 내가 그것 외에는 그 어떤 것도 따르지 않는 사람이라는 걸 자네도 잘 알고 있지 않나 말일세. 이런 운명이 주어졌다고 해서, 내가 늘 따랐던 원리를 팽개칠 수는 없네. 내가 지금까지 받들고 높이 여겨온 원리를 지금도 존중하기 때문이네.

그러니 알아두게! 우리가 지금 이 시점에서 더 나은 원리를 들 수 없다면 나는 결코 자네 뜻에 따르지 않겠네. 아이들을 도깨비로 겁주는 것처럼, 설사 대중이 우리를 투옥과 처형과 재산몰수로 협박해도 말일세.

 소크라테스, 참 비정한 인간일세! 자신을 위해 엄청난 희생도 무릅쓰겠다는 친구의 우정에 대해선 한마디 말도 안 하고, 단지 '열정'이라고 하다니……

캐순 크리톤의 마음이 소크라테스에게도 고맙게 느껴지긴 했겠지. 그렇다고 불법을 저지를 순 없는 거잖아?

뭉술 하지만 소크라테스 자신의 목숨을 구하자는 건데?

 《변론》을 읽은 우리는 소크라테스가 어떤 자세로 살았는지 잘 알잖아? 그는 "사람에게 가장 좋은 것은 '사람으로서의 훌륭함'에 관해서 대화하는 것"이라고 했어. 살 수 있는 마지막 순간에도 소크라테스는 어떻게 하는 게 '사람으로서의 훌륭함'을 지키는 것인지를 묻고 있었던 거지.

뭉술 맞아, 지금도 그의 말이 내 가슴에 울림으로 남아 있으니까. "여러분! 죽음을 피하는 게 어려운 것이 아니라, 야비함을 피하는 것이 훨씬 더 어렵습니다." 캬~ 멋지지 않냐?

 목숨 때문에 소크라테스가 "가장 훌륭하다고 생각되는 원

리(logos)에 따라 행동"하는 걸 팽개칠 리는 없지. 이런 순간에도 곰곰이 따져보고 캐물어보는 태도가 소크라테스답다는 생각이 팍팍 든다. 팍팍!

범식 그런 점에서 '좋은 열정인가?'를 캐물음의 첫발로 삼은 건 '좋은 출발'이라고 생각해.

야옹샘 '원리'라고 옮긴 이 말은 그리스어로 로고스인데, 신약성경 〈요한복음〉 첫머리에 "태초에 로고스[*]가 있었다. 그 로고스는 하나님과 함께 있었다."[†]에 나오는 낱말이라는 것

---

[*] 한글 성경에선 '말씀'으로 번역이 되어 있지만 논의를 더 분명히 하기 위해 성경 원어대로 표기했다.

[†] 새번역 〈요한복음〉 1장 1~14절.

도 아울러 말씀드리고 싶네요. 로고스는 현대 언어로 원리, 원칙, 계산, 이성, 말씀, 길 등 다양하게 번역돼요. 우리말의 '도道'나 '리理'에 가깝다고 할 수 있지요.

범식   〈요한복음〉에 따른다면 로고스, 그러니까 이성이 예수님으로 바뀌었다는 거네. 그런데 왜 기독교인들은 이성을 좋아하지 않을까? 심지어는 반反이성적이잖아.

 사실 기독교는 플라톤[*]과 굉장히 가까워요. 기독교 사상 형성에 있어 가장 중요한 인물 중 하나인 아우구스티누스(성 어거스틴)[†]가 플라톤 철학과 신플라톤 철학에 엄청 영향을 받았거든요. 또한 중세 기독교 철학의 완성자인 토마스 아퀴나스[‡]도 플라톤의 제자인 아리스토텔레스[§]에 깊게 젖어서 그의 사상을 이루었죠.

---

[*] 기원전 428~348년에 살았던 철학자로, 소크라테스의 수제자다. 플라톤은 대부분 소크라테스가 주인공인 30여 편의 대화록을 남겼다. 이 대화편이 없었다면 소크라테스는 지금처럼 유명한 사상가로 알려지지 못했을 것이다.

[†] 서로마 멸망기(354~430년)에 살았던 신학자이자 철학자로, 고대 기독교 사상사에서 가장 중요한 《고백록》과 《신국론》을 썼다.

[‡] 1225년경 로마와 나폴리 사이에 있는 로카세카에서 태어난 신학자이자 철학자로, 1274년에 리옹 공의회에 참석하기 위해 가던 중 병으로 죽었다. 그가 지은 《신학대전》은 그리스 사상과 성인들의 기독교 사상을 종합한 대작이다.

[§] 기원전 384~322년에 살았던 고대 그리스 철학자로, 플라톤의 수제자다. 플라톤이 이상적인 것에 초점을 맞춘 데 반해, 아리스토텔레스는 보다 현실적인 것에 초점을 맞췄다.

플라톤과 아리스토텔레스는 생각이 다르지 않나요?

야옹샘 다르다고 할 수도 있죠. 하지만 둘 다 '이성'을 아주 높이 친다는 점에선 일치해요. 소크라테스와 크리톤으로 다시 돌아가면, 원칙과 이성을 존중해야 한다는 데에 둘은 평소에 서로 일치했어요. 하지만 죽음에 맞닥뜨리자 크리톤은 그것을 내동댕이쳤고, 소크라테스는 그것을 지키겠다는 거였죠. 소크라테스 자신이 오랫동안 간직하고 설파했던 것이니까요. 그런데 이 로고스는 〈요한복음〉에 따르면 예수와도 이어져 있어요. 아니 예수 그 자신이라고 했죠.

 이성의 화신인 예수라! 내가 알고 있던 것과는 뭔가 다른 느낌인데?

범식 우리나라 기독교인들은 〈요한복음〉을 성경으로 여기지 않는 셈이지.

캐순 음…… 그렇군. 기독교에 대해선 이쯤하고 다시 《크리톤》으로 돌아가자. 나는 크리톤을 너무 비난해선 안 된다고 생각해. 자기 목숨이 아니라 친구의 목숨을 지키려는 거니까.

뭉술 '목숨이냐, 로고스냐. 그것이 문제로다!'

범식 계속 소크라테스의 말을 들어 보자.

대중의 의견이 늘 옳은 것은 아니다

소크라테스 그러니 이 문제를 어떻게 헤아리면 가장 적절하겠는가? 먼저 다수의 의견(평판)을 존중해야 한다는 자네의 주장으로 되돌아가 보세. 의견엔 우리가 눈길을 주고 받들어야 할 것도 있지만, 그래서는 안 되는 것도 있다고 우리는 말해왔지. 그런 우리의 주장이 내가 사형선고를 받기 전까지는 항상 옳았지만, 지금 보니 그 말은 실상 주장을 위한 주장에 지나지 않은 것으로 드러났는가? 그 주장은 말장난과 허튼소리였던 것으로 드러났느냐 말일세.

뭉술 당연히 모든 사람들의 의견을 받아들일 필요는 없지.

범식 그리고 그건 가능하지도 않아. 의견이 하나로 모아지기는 쉽지 않으니까. 더구나 이렇게 중대한 문제일 땐 더 그렇지.

야옹샘 소크라테스와 플라톤도 그런 사실을 알고 이 문제를 굉장히 중요하게 다뤘어요. 그들은 사람의 주장을 의견과 진리로 나누고, 원리와 근거 즉 로고스가 없으면 '의견'일 뿐이고 그것이 있어야 '진리'라고 했죠.

그런데 원리와 근거가 없어도 맞는 의견이 있잖아요?

야옹샘 있죠! 그래서 그들은 의견을 참된 의견과 그렇지 않은 의견으로 나눴어요. '참된 의견'도 좋은 것이긴 하지만, 원리와 근거를 통해 찾아진 것이 아니기에 우연히 맞아떨어진 것이라는 단점을 벗어날 순 없어요. 우연히 좋은 것은 우연히 나쁠 수도 있으니까요.

캐순   진리를 찾는 게 쉽지 않잖아요?

 캐순이 말이 맞아요. 그럼에도 '진리 찾기'를 포기할 순 없죠. 어쨌거나 소크라테스와 플라톤의 철학은 '진리 찾기'와 '진리에 따라 살기'라고 할 수 있어요.

소크라테스 나는 자네와 함께 이 점에 대해 헤아려보고 싶네. 지금 내가 이런 상황에 놓인 것 때문에 그 주장이 내게 이전과 달리 보이는지, 아니면 똑같이 보이는지 말일세. 그래야, 우리가 그 원리를 버려야 할지 아니면 여전히 따라야 할지 분명해지지 않겠는가. '뜻 깊은 말을 한다'고 생각되는 사람들은 늘 말했다네. "사람들의 의견 중 어떤 것은 높이 치되, 어떤 것은 그래서는 안 된다"고 말이야. 나도 이 말에 전적으로 동의하네, 크리톤. 그런데 자네에겐 이것이 옳다고 여겨지지 않는단 말인가?

캐순   진리를 못 찾았을 땐, 설사 찾았다 하더라도 사람들이 동의하지 않을 땐 어떻게 결정을 내려야 하지?

범식   투표로 해야지.

뭉술   헐~ '진리'를 어떻게 투표로 결정하자고 하냐? 제비뽑기도 아니고!

 나 장난하는 거 아니거든.

야옹샘   '제비뽑기'도 장난으로만 들리지는 않는데요. 실제로 아테네인들은 제비뽑기를 아주 많이 했거든요. 대부분의 관직을 제비를 뽑아 임명했어요. 중요한 관직 중 딱 한 가지만 투표해서 뽑았을 정도이니까요. 어떤 관직일 것 같아요?

  ······(침묵)

야옹샘   장군만은 제비뽑기가 아니라, 선출해서 임명했어요.

뭉술   왜죠?

야옹샘   여러분은 제비뽑기해서 뽑힌 장군을 따라 전쟁터에 나가고 싶나요?

캐순   절대 아니죠. 그렇다면 다른 관직들은 왜 제비뽑기했죠?

야옹샘   그게 '민주주의'니까요.

범식   선출하는 것도 민주주의잖아요.

야옹샘   범식이 말도 틀리진 않지만, 그 당시 아테네인이라면 그 말에 동의하지 않을 거예요. 선출하면 주로 어떤 사람이 뽑힐까요?

캐순   돈이 많은 사람이겠죠.

뭉술   오, 그렇겠군! 지금도 그러니까!

캐순   돈이 주인인 세상, 자본주의잖아?

범식   우리나라의 한 정치학자가 《추첨민주주의 강의》[*]란 책을 썼다는 걸 몇 년 전에 신문에서 봤어. 출판사 책소개에 따르면, 저자는 '선거=민주주의'라는 허울 좋은 민주주의에 대한 발상부터 바꾸자고 제안하면서 추첨민주주의가 오늘날 왜 필요한지, 추첨민주주의를 시행했을 때 우리에게 찾아오는 변화는 무엇인지 보여준대. 저자는 자신이 보수주의자이지만 지금과 같은 민주주의 체제로는 나라와 사회를 지탱해나갈 수 없다고 진단해서, 추첨민주주의를 본격적으로 도입해야, 당의 이익만을 추구하는 정치가들이 사라진다고 말했대.

뭉술   오, 범식이 대단하다. 나도 범식이처럼 똑 부러지게 말 좀 해봤으면!

   뭉술이라고 범식이처럼 말하지 못하리라는 법도 없어요. 지금부터라도 신문과 책을 꾸준히 읽으며 집중해서 공부하고, 독서 수업에 열심히 참여하면 돼요. 추첨민주주의를 활성화하는 것이 지금 우리에게 필요한지에 대해선 따로 시

---

*   이지문 지음,《추첨민주주의 강의》(삶이보이는 창, 2015).

간을 마련해야 할 것 같아요. 소크라테스는 '묻고 질문하는 대화 속에서 진리를 찾게 되고, 공무원은 그런 진리를 가장 잘 알고 시행할 수 있는 사람이어야 한다. 특히, 최고위 공무원은 반드시 그래야 한다'고 말했다는 것만 알려드릴게요.

캐순   그 당시 아테네가 거의 모든 관직을 추첨으로 뽑다보니까, 거기에서 오는 문젯거리가 꽤 있었나 보죠?

야옹샘 옙! 캐순이 말이 맞아요. 그럼 다시 소크라테스의 대화를 통한 진리의 발견과 그 실천으로 눈길을 돌려 볼까요?

소크라테스 사람들의 의견을 판단하는 것에 대해 내가 자네에게 물은 까닭이 있네. 뜻밖의 일이 일어나지 않는다면 자네는 내일 죽지 않네. 그러니 자네의 주변 상황 때문에 자네가 이 일에 대해 잘못 판단할 일은 없을 거라고 믿기에 자네에게 물은 걸세. 그러니 말해주게! 누가 되었건 그 사람의 모든 의견을 존중할 것이 아니라, 어떤 의견은 존중하되 어떤 의견은 존중하지 말아야 하네. 그렇지 않은가? 또한 모든 사람들의 의견을 존중할 것이 아니라, 어떤 사람들의 의견은 존중하되 다른 사람들의 의견은 존중하지 말아야 하네. 그렇지 않은가? 이런 내 주장이 옳은가, 아니면 그른가? 자네에겐 어떻게 여겨지는가?

크리톤 옳고 말고.

 소크라테스는 왜 "자네는 내일 죽지 않네. 그러니 자네의 주변상황 때문에 자네가 이 일에 대해 잘못 판단할 일은 없을 거라고 믿기에 자네에게 물은 걸세. 그러니 말해주게!" 라고 했을까?

범식   죽음의 위협 앞에서 사람들이 오판을 가장 잘 하니까. 친구가 죽을까봐 크리톤이 오판하고 있다는 소리이기도 해. 친구를 살리기 위해 잘못 생각하지 말라는 거지.

캐순   그 친구는 다름 아닌 소크라테스 자신이고!

누가 죽음을 앞에 둔 사람인지 모르겠네! 삶에 대한 애착이 너무 없는 거 아니야?

범식 재판정에서 변론하는 소크라테스를 보면 삶에 대한 애착이 없는 게 아니라 이미 죽음을 이기고 있다는 걸 알 수 있어. 《변론》에 잘 나와 있었잖아. 그 부분을 내가 다시 읽어 볼게.

저는 변론할 때 위험에 처하더라도 자유인답지 못한 짓을 해서는 안 된다고 생각했습니다. 그렇기에 지금도 저의 선택을 후회하지 않습니다. 자유인답지 못한 변론을 하고서 사느니, 자유인답게 변론하다가 죽는 편이 저에게는 훨씬 더 낫기 때문입니다. 법정에서든 전쟁터에서든, 죽지 않으려고 아무 짓이나 해서는 안 되기 때문입니다. (……) 하지만 여러분! 죽음을 피하는 게 어려운 것이 아니라, 야비함을 피하는 것이 더 어렵습니다. 야비함이 죽음보다 훨씬 더 빠르기 때문이지요. 저는 굼뜨고 늙어서 느린 것, 즉 죽음에 붙잡혔지만, 저를 기소한 사람들은 영리하고 잽싸서 빠른 것, 즉 야비함에 붙잡혔습니다. 지금 저는 여러분에게서 죽음을 선고받고 떠나지만, 저들은 이미 진리에 의해 사악하고 불의한 자라는 판결을 받았습니다. 저는 제게 내려진 판결을 받아들이고, 저들은 저들에게 내려진 판결을 받아들여야겠지요.

저는 위험에
처하더라도
자유인답지 못 한
짓을 해서는 안 된다고
생각합니다.

뭉술 소크라테스는 정말 죽음이 두렵지 않았을까?

범식 《파이돈》*을 읽었는데, 정말 죽음을 초월했다는 생각이 들
어. 사약을 먹은 뒤, 독이 퍼지고 있는 순간에도 그의 말은
조금도 흔들리지 않았어.

 그러기가 쉽지 않았을 텐데……. 정신력이 얼마나 강했
으면!

범식 그냥 살아가는 사람에겐 쉽지 않지. 오롯이 '진리'를 향한
마음을 빚어오지 않은 사람에겐 있을 수 없는 일이야.

* 플라톤의 중기 대화편 중 하나다. 소크라테스가 사약을 받았던 날 벗들과 이야기를 나누
는 내용으로, 영혼불사靈魂不死의 증명을 주제로 삼았다.

맞아. 《변론》에서 그는 죽음이 정말 나쁜 것인가는 뚜렷하지 않다고 했잖아.

캐순 죽음 같은 것에 겁먹지 말고 존중해야 할 특정한 사람의 의견만 받들라는 건데, 존중해야 할 특정한 사람은 누굴까?

소크라테스 자네 말대로 내 주장이 옳다면 좋은 의견은 높이 치되 나쁜 의견은 그래선 안 되겠지?

크리톤 그렇고 말고.

소크라테스 현명한 사람들의 의견은 좋은 의견이고, 어리석은 사람들의 의견은 나쁜 의견이겠지?

크리톤 왜 안 그렇겠나.

소크라테스 그럼, 다음과 같은 것은 어떤가? 운동을 업으로 하는 사람이 모든 사람의 칭찬이나 나무람, 또는 모든 사람의 의견에 마음을 써야 하는가? 아니면 의사나 단 한 사람, 즉 트레이너의 의견에 마음을 써야 하는가?

크리톤 단 한 사람의 칭찬과 나무람, 그리고 그의 의견에 마음을 쓰는 게 맞겠지.

소크라테스 그렇다면 그 사람의 나무람은 두려워하고 칭찬은 좋아하되, 대중의 나무람과 칭찬엔 두려워하지도 좋아하지도 말아야겠지?

크리톤 자네 말이 맞네.

소크라테스 그렇다면 그는 전문 지식이 있는 트레이너가 좋다고 여기는 판단에 딱 들어맞게 행동하고 훈련하고, 먹고 마셔야 하네. 다른 모든 사람이 좋다고 여기는 방식에 따르기보다는 말일세.

크리톤 그렇겠지.

소크라테스 만약 그 한 사람의 의견과 칭찬은 팽개치고, 아무런 전문 지식도 없는 대중의 의견을 높이 쳐 따를 경우, 그러고서도 탈이 나는 일이 없을까?

크리톤 어찌 안 그렇겠나.

소크라테스 그 탈이란 게 뭘까? 그리고 그 탈은 어디에, 그러니까 전문가의 의견을 따르지 않는 자의 어느 부분에다 영향을 끼친다고 생각하는가?

크리톤 당연히 그의 몸에 영향을 끼치겠지. 그의 몸이 탈 날 테니까.

소크라테스 맞네. 그렇다면 크리톤, 이런 추론이 다른 모든 문제에도 적용되지 않겠나? 모든 경우를 일일이 따져볼 필요도 없이 말일세. 특히 지금 우리가 심사숙고 중에 있는 문제, 즉 정의와 불의, 미와 추, 선과 악의 문제와 관련해서 우리는 대중의 의견을 따르고 두려워해야 하는가, 아니면 전문지식이 있는 한 사람의 의견을 따르고 두려워해야 하는가? 이런 것들에 관해 전문적인 지식을 갖춘 사람이 있다면 말일세.

그런 경우라면 우리는 세상의 다른 모든 사람에 대해서보다 그를 더 높이 치고 두려워해야 하지 않겠나? 만약 우리가 그를 따르지 않게 되면 어찌 되겠는가? 정의에 의해선 더 좋아지고 불의에 의해선 망가지게 마련이라고 여겨졌던 바로 그것, 즉 '우리의 그 부분'을 망쳐 우리 자신이 몰락하게 되지 않을까? 아니면 그런 부분이 없다고 생각하나?

| 캐순 | 소크라테스는 확실히 '전문가주의자'야. 현대야말로 전문가 시대니까 현대를 미리 살았다고 해야 하나? |
| 범식 | 현명한 사람들, 그 중에서도 가장 현명한 사람의 말을 들어야 한다는 거네. 뛰어난 운동선수가 되고 싶으면 뛰어난 트레이너들 중에서도 가장 뛰어난 트레이너의 조언을 들어야 하듯이! |

 그럼 난 최고의 요리사를 찾아 떠나야겠군!

| 캐순 | 행운을 빈다, 뭉술! 하지만 지금 문제는 요리나 운동을 잘하느냐 못 하느냐가 아니야. '죽을 것인가, 살 것인가'야. 소크라테스는 "전문 지식도 없는 대중"이라고 말했지만, '삶'에 전문 지식이 있는 사람이 있을 수 있을까? |

범식　　그렇다고 해서, '삶에 대한 이해의 정도가 모두 똑같다'라고 하는 것도 문제잖아?

캐순　　전문가를 존중해야 하는 건 확실해. 문제는 전문가들끼리도 의견이 일치하지 않는다는 거야. 운동이나 질병에선 전문가의 의견이 더 나을 수 있어. 하지만 정의와 불의, 미와 추, 선과 악의 문제에 오면 달라진다고 생각해. 삶의 문제에서, 이른바 전문가들끼리도 의견이 갈릴 때 어떤 전문가의 안을 최종적으로 채택할 수밖에 없어. 그 채택 기준과 방법은 뭐지?

범식 '이거다'라고 할 수 있는 건 없어. 첫째로는 제비뽑기, 둘째는 선거를 통해 공동체의 삶을 디자인하도록 공직자를 임명하는 것, 셋째는 자격시험을 봐서 교수나 학자의 지위를 부여하는 것이 그 주요한 방법이겠지.

캐순 그 세 가지 중에서도 소크라테스의 마음에 드는 것은 없었을 것 같은데? '우리 모두 오직 모를 뿐!'이 그의 표어잖아. 그 반대인 '알고 말고', 즉 '나는 알아!'가 가진 폭압성 또한 큰 문제야!

뭉술 '알고 말고'와 '오직 모를 뿐'만 있는 건 아니잖아. 그 사이도 있어.

범식 뭉술이 말대로라면 중도를 걸어야 한다는 소린데, 중도는 늘 '때[時]'와 '상황'을 변수로 넣고 생각하는 거니까, 그때 그리스 사회가 어땠는가를 살펴야겠지.

야옹샘 그때 그리스엔, 사상적으론 소피스트들에 의해 극단적인 상대주의*가 퍼져 있었고, 사회적으론 전쟁과 내란 때문에 극단적인 불신이 퍼져서, 목숨을 부지하는 것이 거의 유일한 잣대 구실을 했어요. 한 마디로 '오직 나, 내 목숨뿐'이었죠.

---

* 올바름이란 없고, 개인적인 관점에 따른 올바름만 있다고 주장하는 철학이다. 상대주의가 극단적으로 가면, 수단 방법을 가리지 않고 오직 '이기는 게 올바른 것'이 된다. 소크라테스와 논쟁했던 고르기아스, 트라시마코스, 프로타고라스가 이런 입장에 있었다.

뭉술   그럼 제가 랩을 한번 해볼게요. Yo! 쏘쏘쏘크라테스에겐
        '우리 모두 오직 모를 뿐'이 필요했네. 하지만 '오직 나뿐'인
        상황에서 그런 소릴 외치고 다니는 건 '오직 죽을 뿐'으로
        결론 났을 뿐! 예~

     오~ 뭉술이!!!

범식   랩 실력 좀 늘었는데?

뭉술   연습 좀 했지~ Yo!

뭉술이는
스파게티 요리사

캐순   소크라테스는 자신이 삶의 전문가라고 여겼을까?

범식   그렇게 자만하진 않았을 것 같아. 하지만 자기와 다른 부
         류, 그러니까 깊이 생각해본 적도 없으면서 막말하거나 다
         른 사람의 말을 앵무새처럼 따라하는 사람들은 '삶의 전문
         가'가 아니라고 생각한 것은 확실해.

캐순   소크라테스는 '삶이 무엇인지'를 생각하며 평생을 보냈으
         니까 전문가라고 인정해 줘야 하지 않을까? 가장 뛰어난
         전문가인지는 모르겠지만.

         《변론》에서 확인했듯이 소크라테스는 "캐묻지 않는 삶은
         살 가치가 없다"라고 했어요. 그는 '삶에서 빠뜨려서는 안
         되는 것은 무엇'인지, 또 '쾌락이나 즐거움을 주는 것은 참
         으로 좋은 것인지'를 늘 물었죠. 그랬으면서도 그는 자신이
         삶을 잘 아는 전문가라고 여기진 않았어요. 하지만 삶이 무
         엇인지 잘 아는 것처럼 거침없이 사는 사람들, 이른바 잘
         나가는 사람들보단 그 자신이 더 뛰어나다고는 확신했고
         《변론》에서 직접 그렇게 말하기도 했어요.

캐순   소크라테스는 딱히 정해진 '삶의 전문가'는 없다고 여긴 건
         가요?

야옹샘   그렇죠. 하지만 잘 캐물으면 답이 드러난다고 여겼어요.

뭉술   그럼 탈옥을 할 것인가 말 것인가도 캐물음의 문제겠네요.

캐쉰   그나저나 "정의에 의해선 더 좋아지고 불의에 의해선 망가
        지게 마련"인 그 부분이 우리에게 있긴 있나?

크리톤 나야 그런 부분이 있다고 여기지, 소크라테스!

소크라테스 그렇다면 이건 어떤가? 전문 지식이 없는 사람들의
의견을 따르다가, 어떤 것을 탈나게 했다면, 즉 건강하게 하는
것에 의해선 좋아지고 질병을 일으키는 것에 의해선 탈이 나는
그것을 망가뜨렸다면, 우리는 살맛이 날까? 한데, 그것은 다름
아닌 '몸'이 그렇게 망가지게 되는 걸세. 그렇지 않은가?

크리톤 그렇지.

소크라테스 몸이 완전히 망가져 비참하게 되었는데도, 살맛이
날까?

크리톤 살맛이 전혀 안 나겠지.

소크라테스 그렇다면 불의에 의해선 탈이 나고 정의에 의해선
좋아지는 그 부분이 아작난 상태인데도, 우리의 삶은 살 만한
가치가 있다고 생각하는가? 만약 그렇게 여기는 사람이 있다면
그는, 아작난 곳, 즉 정의와 불의에 관련된 우리의 그 부분이 우
리의 신체보다 하찮다고 생각해서 그럴 걸세. 정말 그 곳이 신체
보다 더 하찮은가?

크리톤 전혀 그렇지 않네.

"정의와 불의에 관련된 우리의 그 부분"이 내 몸보다 더 귀중하다고 할 수 있나? 내 몸이 있고서 정의도 있고 불의도 있는 거잖아?

범식 살신성인殺身成仁*도 있어. 내 목숨보다 더 귀중한 게 있고, 정의가 바로 그것이라는 태도에서 나오는 행위야.

 소크라테스의 말은 그것과는 약간 다른 지점을 가리키고 있어요. '내'가 귀중하기는 한데, 그 중에서도 나를 구성하고 있는 육체가 가장 귀중한가? 아니면 나의 정신, 즉 나의 영혼이 최소한 내 육신만큼은 귀중한가를 묻고 있는 거예요.

뭉술 내 정신과 영혼이 내 육체보다 덜 중요하다고 할 수는 없지.

캐순 육체가 없으면, 정신도 영혼도 있을 수 없다는 게 과학의 가르침인데도?

범식 정신과 영혼이 없는 육체는 시체일 뿐이야. 그리고 '육체 없는 정신'의 세계가 존재하는지 그렇지 않은지에 대해선 알 수 없다는 게 과학적인 태도야. 그런 태도를 '불가지론'이라고 하지. 하지만 소크라테스는 '육체 없는 영혼', 즉 정신의 세계를 믿었어.

---

* 《논어》에 나오는 말로, 자기 몸을 희생하여 어짊[仁]을 이루는 것을 뜻한다.

친구, 나의 탈옥은 정의로운 것인가?

소크라테스 정의와 불의에 관련된 그곳이 신체보다 소중한가?

크리톤 훨씬 더 중요하네.

소크라테스 그러니 친구, 대중이 우리를 두고 뭐라 말하든 그것에 결코 마음 쓰지 말게. 우리는 오직 한 사람, 즉 정의와 불의에 관한 전문가에게 귀를 기울이고, 진실 그 자체가 말하는 것에 귀를 기울여야 하네. 따라서 좋은 것, 올바른 것, 그리고 아름다운 것에 관해 대중의 의견을 따라야 한다고 했던 자네의 말은 잘못된 것 같네. 또한 그것들과 반대되는 것들—좋지 못한 것, 바르지 못한 것, 그리고 추한 것에 대해 대중의 의견을 따라야 한다는 생각 역시 틀린 걸세. 그러면 이제 남은 건 "하지만 대중은 우리를 사형시킬 권력이 있어"라고 말할 사람도 있겠지.

크리톤 분명히 그런 권력이 대중에게 있네. 누구라도 그렇게 말할 걸세, 소크라테스.

소크라테스 그건 사실일세. 그렇지만 친구, 그럼에도 우리가 조금 전에 꼬치꼬치 캐물은 뒤 내렸던 결론은 여전히 굳건하네. 그럼 이것도 한번 살펴봐주게나. 참으로 중요한 것은 '사는 것이 아니라 잘 사는 것이다.' 이 말이 지금도 여전히 굳건한가?

크리톤 그 말도 여전히 굳건하네.

소크라테스 '잘 사는 것은 아름답고 올바르게 사는 것이다.' 이 말도 여전히 믿을 만한가?

크리톤 여부가 있겠는가.

캐순   "정의와 불의에 관한 전문가에게 귀를 기울이고, 진실 그
자체가 말하는 것에 귀를 기울여야 한다"는 소크라테스의
말에는 충분히 맞장구를 칠 수 있어. 그런데, 누가 정의와
불의에 관한 전문가인 그 한 사람인 거지? 또 누가 그 사람
을 알아볼 수 있는 거지? 게다가 그 사람에게 정치를 맡길
수 있는 사람은 또 누구지?

우리는 오직 한 사람
즉 정의와 불의에 관한
전문가에게 귀를 기울이고,
진실 그 자체가 말하는
것에 귀를 기울여야 하네.

캐순~ 하나씩 차근차근 끄집어내면 안 되겠니~? 다 기억
도 못하겠다.

범식 근원적으로는 그 세 가지 모두 불가능하다고 생각해. 하지
만 '상대적으로 거기에 더 접근할 수 있는 방법은 무엇인
가'에 대해서까지 제한되는 것은 아니라고 생각해.

야옹샘 동양이든 서양이든, 옛날이나 지금이나 정치사상은 캐순
이가 물은 세 질문으로 집약되지 않나 싶네요. 소크라테스
의 제자이자 이 책의 저자인 플라톤의 문제의식도 그 물음
에 있었던 것 같아요.《국가·정체政體》[*]와《법률》[†]에서 그 고
갱이(핵심)를 볼 수 있어요.

캐순 소크라테스가 직접 자기 자신을 거론하진 않지만, 내심으
로는 자기 자신이라고 여기는 거잖아. 그러니까 법정에서
도 그렇게 당당했던 거고. 그는 다이모니아의 목소리를 듣
고 그에 따라 사는 사람이니까.

뭉술 다이모니아의 목소리는 소크라테스에게만 들리고, 로고스
는 소크라테스에게만 주어지나?

범식 그렇다곤 할 수 없지. 스님들도 존재의 참 모습인 '본래면

---

[*] 플라톤과 소크라테스의 정치사상, 정치체제, 교육론이 집약되어 있는 책으로 서양 사상
사에 있어 가장 중요한 책 중 하나다.

[†] 플라톤의 마지막 저작으로,《국가·정체》보다 조금 더 현실적인 관점에 서 있는 책이다.

목'을 보았다고 하고, 시인들도 반성적인 자아를 이야기해. 예수님을 이끌었던 성령, 즉 거룩한 영이 사람들 속에서 작동하는 것을 크리스천도 말하고 있고. 모두가 다 그 경지에 이르는 걸 푯대로 하고 있지.

캐순   유교는요?

야옹샘 '극기복례克己復禮(사사로운 자기 욕심을 누르고 우주적인 원리를 표현하고 있는 예禮를 따름)'가 거기에 해당하지 않을까 싶네요. 여기서 말하는 '예禮'란 자잘한 행동 규범이 아니에요. 음악과 짝을 이루어 우주의 본원적인 생명성을 표현하는 개념이에요. 음악이 리듬과 화합을 그 본질로 한다면, 예는 개별적인 존재들의 관계를 그 본질로 하죠.

음악이 지극하면 원망이 없고 예가 지극하면 다툼이 없다. 큰 음악은 천지와 더불어 화목하고 큰 예는 천지와 더불어 마디를 함께한다.[*]

범식   그러니까 극기복례는 자기만을 전부로 여기는 이기심을 극복하여 우주의 본원적인 생명성을 회복한다는 뜻이네요?

---

[*] 《예기》〈악기〉, "樂至則無怨 禮至則不爭 大樂與天地同化 大禮與天地同節."

뭐? 우주의 본원적인 생명성? 무슨 사이비 교주 같은 느낌.

야옹샘 하하…… 범식이 말이 맞아요. 그런데 반성적인 자아 역시 겉으로 드러나는 현실적인 자아를 뛰어 넘는 것이고, 불교에서 말하는 본래면목도 '작은 나'에 매이지 않는 데서 찾아지는 것이죠. 그리고 기독교에서 말하는 거룩한 영 역시, 예수님과 그를 제대로 따랐던 사람들의 삶에서 알 수 있듯이, 그 영이 '우리 모두는 하나님의 딸·아들'이라는 믿음에 걸맞는 삶을 살게 한다는 것을 감안하면, 유교·불교·기독교, 그리고 시인과 소크라테스의 가르침 모두 같은 소리를 하는 게 아닌가 싶네요.

 모두가 이기심을 극복하여 보편성에 이르는 길을 말한다는 거죠? 하지만 성인들이야 그렇다 치고, 보통 사람인 우리가 거기에 이를 수 있나요?

야옹샘 《중용》*의 저자도 그 고민을 깊게 한 것 같아요. 그는 말했죠. "참은 하늘의 도이고, 참되려고 하는 것은 사람의 도이다."† 궁극적으로 사람이 '성誠', 즉 보편성에 이를 수는 없겠지요. 그렇다고 거기에 다가가려는 '애씀'조차 없어서는

---

* 공자의 손자이자 증자의 제자인 자사가 지었다고 알려져 있다. 옛날 청소년들은 《대학》, 《논어》, 《맹자》, 《중용》 순으로 읽으며 사람다움을 이루어갔다.

† 《중용》, "誠者 天之道, 誠之者 人之道也."

안 되겠죠.

범식   "중요한 것은 사는 것이 아니라 잘 사는 것"이며, "잘 사는 것은 아름답고 올바르게 사는 것"이라고 했던 소크라테스의 말도 같은 데서 나온 소리겠죠?

아옹샘   맞아요. 그런데 소크라테스도 예수도 죽임을 당했으니 '누가 올바른 사람인지를 알 수 없다'는 말은 여전히 풀리지 않았다고 할 수 있겠죠. 그 당시 사람들은 불의한 자를 죽인다고 생각하고 그들을 죽였을 테니까요.

뭉술   소크라테스가 말한 '정의와 불의에 관한 전문가'가 누구인지 여전히 알기 어렵다는 거지? 그런데 '훌륭한 사람들'이 그런 사람들이잖아!

캐순   그렇게 말할 수 있어. 하지만 그게 말처럼 또렷하지 않거든. 가령 안중근이 훌륭한 사람인가? 이토 히로부미가 훌륭한 사람인가? 일본 사람들은 이토 히로부미를 그때도 지금도 숭배하다시피 하거든.

 왜놈들~ 으드득 으드득!

캐순   워워~ 너무 흥분하지는 말고. 안중근이 훌륭한 사람이라는 것은 '우리 민족의 관점'이라는 한계가 있다는 말이지.

범식   여러 관점이 있다고 해서 그 모든 관점이 같은 값을 가진다고는 생각하지 않아. 정의로운 관점과 정의롭지 못한 관점이 있다는 게 내 생각이야.

캐순 그럼 각각에 값을 매길 수 있는 잣대가 뭐지? 민족 자결주의(한 민족이 다른 민족의 간섭을 받지 않고 정치적 운명을 스스로 결정하는 일ㅡ편집자)나 인권, 뭐 이런 걸까?

범식 그 잣대를 찾는 건 쉽지 않다고 생각해. 하지만 나는 칸트 (1724~1804년)[*]가 말한 '보편법칙의 원리'가 있다고 믿어. '항상 자신의 의지가 자신의 준칙(윤리 원칙)을 따르도록 하고, 동시에 자기 자신이 보편타당한 법을 만드는 '입법자'라고 간주하고 행동한다'는 원리 말이야.

  무슨 말인지는 잘 모르겠지만, 암튼 멋지다!

캐순 칸트의 말이 멋지기는 하지만, 어떻게 보편타당한 것이 찾아지느냐는 여전히 안개 속이야.

범식 존 롤즈(1921~2002년)[†]의 '베일의 법칙'이 한 방법이라고 생각해.

뭉술 존 롤즈는 또 누구냐? 아~ 롤 케이크 먹고 싶다!

---

[*] 근현대 철학자와 정치학자 중 가장 중요한 인물이다. 그의 영구 평화론과 세계 시민주의는 제1차 세계대전 후 만들어진 국제연맹과 제2차 세계대전 후에 만들어진 UN 창설의 주춧돌이 되었다. 그가 지은 3대 비판서 《순수이성비판》, 《실천이성비판》, 《판단력비판》은 각각 이성, 도덕 실천, 미학적 감성에 대한 가장 중요한 이론서이다.

[†] 1950년 프린스턴 대학교에서 철학박사 학위를 받았고, 하버드 대학교 철학과 교수를 지냈다. 정의의 원리를 다룬 《정의론》이 그의 대표작이다.

으이그~ 또 먹는 거냐? '베일의 법칙'이 뭔데?

범식   특정한 것을 베일(커튼)로 완전히 가려놓고, 그 상태에서 어떤 것이 정의로운 것이고 또 어떤 것이 정의롭지 않은 것인지를 고르게 하면 된다는 거야.

뭉술   쉽네~ 그런데 가려놔야 할 게 뭔데?

범식   존 롤즈의 《정의론》*을 읽어줄게. 조금 길지만 어렵지는 않으니까 귀만 기울이면 돼. 특히 뭉술이 너, 멍때리지 말고!

그래서 당사자들은 어떤 종류의 특정 사실을 알지 못한다고 가정된다. 무엇보다도 각자는 사회에 있어서 자기의 지위나 계층을 모르며, 천부적 자산과 능력, 지능과 체력, 기타 등등을 어떻게 타고나는지 자신의 운수를 모른다. 또한 누구든지 선에 대한 자신의 생각, 자신의 합리적 인생 계획의 세목을 알지 못하며, 또는 심지어 모험을 몹시 싫어한다든가 비관적, 혹은 낙관적인 경향과 같은 자기 심리적인 특성까지도 모르고 있다.

또한 나는 당사자들이 그들이 속한 사회의 특수 사정도 모른다고 가정한다. 다시 말하면 그들은 그 사회의 경제적, 정치적 상황이나 그것이 지금까지 이룩해 온 문명이나 문화의 수준도 모르고 있

---

* 1971년에 발표해서 큰 파장을 일으킨 현대철학, 현대정치학의 고전이다. 이 책에 대한 찬반의 견해를 깊이 헤아린 뒤 1993년에는 《정치적 자유주의》를 냈다.

다. 원초적 입장에 있는 사람들은 그들이 어떤 세대에 속하고 있는지에 대해서도 정보를 갖고 있지 않다. 지식에 대한 이러한 보다 광범위한 제한이 합당한 것은 한편으로 사회 정의의 문제가 한 세대 내에서만이 아니라 세대들 간에도 일어나기 때문이다.

예를 들면, 자본 절약의 타당한 정도나 천연자원이나 자연적 여건의 보호 등의 문제가 바로 그러한 것이다. 여하튼 이론상으로는 합당한 유전적 정책까지도 있을 수 있다. 이러한 여러 경우들에 있어서 원초적 입장이라는 관념을 철저히 실현하기 위해서 당사자들은 그들의 의견을 대립시키게 될 어떤 우연한 일도 알아서는 안 된다. 결국 그들이 어떤 세대에 속하는 것으로 판명되든 간에 그 결과를 감당할 각오를 하고서 원칙을 선택해야만 한다.[*]

아이고~ 또 속았네 또 속았어! 어렵지 않다더니만…….

범식   하하…… 그러니까 무슨 말이냐면, 사회적·경제적 상황, 문명이나 문화의 수준, 또는 자신이 어떤 세대에 속하는지도 모른 채, "그 결과를 감당할 각오를 하고서 원칙을 선택해야"한다면 정의를 선택할 수밖에 없다는 뜻이야.

캐순   그렇게 한다면 모두에게 최대한 좋은 쪽으로 선택할 것 같

---

[*] 장동익, 〈롤즈 《정의론》 해제〉, 《철학사상》(서울대학교 철학사상연구소, 2005), 195~196쪽.

기는 하다.

범식   그게 바로 정의지.

캐순   안중근과 이토 히로부미 중 누가 정의로운 사람인가? 이
문제를 존 롤즈의 베일이론으로 풀어보자.

 오~ 그게 가능해? 흥미로운데?

캐순   자기가 조선 사람인지, 일본 사람인지 전혀 모른 채 두 사람
중 한 사람을 정의로운 사람으로 다른 사람을 불의한 사람
으로 구별해야 한다면, 누가 정의로운 사람으로 여겨질까?

범식   선택지를 골라잡기 전에 명심해야 하는 게 있어. 제3자 입
장이 아니라, 그들의 시대에 조선사람으로도 일본사람으
로도 살 가능성이 많다는 거야.

뭉술   "그 결과를 감당할 각오를 하고서 원칙을 선택해야" 한다
는 거지?

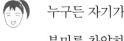 누구든 자기가 식민지인이 될 수도 있다고 하면, 이토 히로
부미를 찬양하긴 힘들 듯.

뭉술   노예와 주인이 있는 사회에서 '노예 또는 주인으로 살 것
인가', 아예 '노예도 주인도 없는 사회에 살고 싶은가' 하면,
노예와 주인이 있는 사회를 고르기는 쉽지 않겠지. 자기가
주인이 될 수도 있지만, 노예가 될 수도 있는 거잖아?

범식   조금 재미나고 쉬운 방식도 있어. 모두가 좋아하는 케이크

가 있어. 한 사람에게 케이크를 '자를 권한'을 주는데 그는
크기를 마음대로 할 수 있어.

뭉술   자기 것만 크게 해도 되겠네? 나라면 최대한 크게~ 으하
하하!

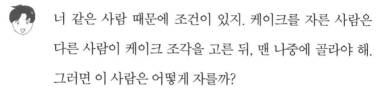 너 같은 사람 때문에 조건이 있지. 케이크를 자른 사람은
다른 사람이 케이크 조각을 고른 뒤, 맨 나중에 골라야 해.
그러면 이 사람은 어떻게 자를까?

캐순   자기한테 작은 조각이 오면 안 되니까 최대한 똑같이 자르
겠지.

범식   올바른 게 뭔가를 이런 방식으로 찾아내면 많은 게 쉽게 찾
아진다는 거지.

뭉술   오호~ 이렇게 신기한 방법이? 그래도 쉽게 찾아지지 않는
게 있겠지?

범식   물론. 오브 코올스!

소크라테스 방금 전, 어떤 것이 잘 사는 것인지에 대해 우리가
동의한 그 의견을 바탕으로, 이제 우리는 내가 탈옥하는 게 옳
은지 그른지 헤아려봐야 하네. 그것이 옳은 것으로 드러나면 우
리는 탈옥을 감행해야겠지만, 그렇지 않으면 그만둬야 하네.

오, 크리톤! 자네가 내세웠던 돈과 명성과 자녀의 양육 때

문에 탈옥해야 한다는 제안은, 사실 대중이나 생각해볼 일일세. 아무런 합리성도 없이 사람을 죽음으로 내몰았다가, 또 똑같이 아무런 합리성도 없이 사람을 되살려놓는 그런 사람들 말이네.

논의가 여기까지 진행됐으니 따져봐야 할 문제는 오직 하나일세. 나를 감옥에서 빼내 도망가게 해주는 자들에게 돈을 지불하고 고마워하면서 탈옥하는 게 옳은지, 아니면 이 모든 일이 올바르지 못한 짓이 아닌지 캐물어보는 것 말일세. 만일 후자로 판명된다면, 우리가 여기 있다가는 죽음이나 다른 좋지 않은 일들을 당할 거라는 생각을 먼저 해서는 안 되네. 진정, 우리가 '올바르지 못한 짓을 저질러도 되는가 하는 문제'보다 먼저 생각해야 할 정도로 중요한 문제는 없으니까 말일세.

크리톤 훌륭한 말이네, 소크라테스. 하지만 생각해보게나, 우리가 뭘 해야 하는가?

범식   드디어, '악법도 지켜야 하는가'의 문제로 들어가겠다는 거로군.

캐순   내 귀에는 그런 말이라기보다는 '탈옥하는 게 올바른가를 캐물어보자'라고 들리는데?

뭉술   그게 그거잖아.

 글쎄다~.

범식 그건 그렇고, 앞에서 크리톤이 탈옥의 이유로 들었던 것, 즉 "돈, 친구들의 명성, 자녀 양육 문제"가 탈옥의 명분이 될 수 없다고 소크라테스는 단칼에 잘라버렸는데, 그래도 되는 건가?

캐순 음…… 그 문제에 대해선, 그의 캐물음을 따라가 보고 나서 그때 다시 논의해 보도록 하자.

소크라테스 잘 보게나! 우리 함께 헤아려보세. 내가 말하는 중이라도 반박할 게 떠오르면 반박하게. 그러면 나는 자네 말을 따르겠네. 그럴 수 없다면, 자네가 되풀이했던 주장, 즉 내가 아테네인들의 뜻을 거스르며 탈옥해야 한다는 소리는 이제 그만 거두게. 나를 설득하려는 자네의 시도를 높이 평가하지만, 내 자신이 더 옳다고 판단한 것을 거스르면서까지 자네에게 설득되지는 않을 걸세. 자, 잘 보고 헤아림의 출발점이 제대로 놓여 있는지 자네 생각대로 대답하게나!

크리톤 그래보겠네.

소크라테스 어떤 식이든, 고의로 불의한 짓을 저질러서는 안 되는 것인가, 아니면 때로는 불의한 짓을 저질러도 되지만 다른 때는 그러면 안 되는가? 전에 우리가 여러 번 맞장구를 쳤듯이 '어쨌든 불의한 짓을 저지르는 것은 좋은 일도 훌륭한 일도 아니다'라는 것에는 동의하는가? 동의하지 않는다면, 전에 우리가 맞장구쳤던 말들이 요 며칠 새 완전히 사라져버린 셈인데, 그런 것인가? 오, 크리톤! 우리는 오랫동안 서로 진지하게 토론했건만, 이 나이에 결국 우리가 어린애들보다 나을 게 전혀 없다는 것으로 밝혀진 셈이란 말인가?

　아니면 모든 것이 우리가 맞장구치던 그때 그대로인가? 대중의 의견과 관계없이, 또 우리에게 지금보다 더 어려운 일이 닥치건 닥치지 않건 간에, 불의한 짓은 어떤 경우에도 나쁘고 부끄러운 짓이라는 것 말일세. 다른 누구에게가 아니라, 불의한 짓을 저지른 자기 자신에게 말일세. 이것이 우리의 주장인가 아닌가?

크리톤 우리의 주장일세.

뭉술 원칙을 지킨다는 게 이런 거구나!

범식 고통이 닥친다고 해서 평소의 주장을 팽개친다면 그것을 원칙이라곤 할 수 없지.

캐순 그 원칙을 지키면 죽게 되는데도?

범식 죽음이 크나큰 일이긴 하지만 사람이 피해야 할 가장 큰 일은 아니라는 게 소크라테스의 외침이잖아.

 그는 어떻게 죽음을 두려워하지 않을 수 있게 되었지?

야옹샘 소크라테스의 죽음에 대한 고찰은 《파이돈》 등 플라톤의 책 여기저기에 나와요. 하지만 저 세상은 없다는 쪽에 더 기울어져 있는 현대인에겐 《변론》에서 소크라테스가 한 말이 가장 그럴듯할 거예요.

 우리는 '죽음이 뭔지 알지 못한다'는 거 말이죠? 알지도 못하면서 두려워하는 것이야말로 '무지無知'라는 거고요.

캐순 그러면서 그는 죽음 이후의 세계가 있는 경우와 없는 경우를 가정하여 따져본 뒤 어느 경우에도 죽음이 그리 나쁜 게 아니라는 결론을 내렸지.

뭉술   그래서 그는 쉽게 독배를 원샷했나?

캐순   글쎄~ 죽는 순간 어느 정도의 고통이 느껴졌을지는 그 자신만이 알겠지.

소크라테스 그렇다면 어떤 상황에서도 불의한 짓거리를 해서는 안 되겠지?

크리톤 그렇다마다.

소크라테스 그렇다면, 불의한 짓을 당했다고 해서 불의한 짓으로 그것을 되갚는 것 또한 할 짓이 아니네. 비록 이런 생각은 대중이 믿고 있는 생각과는 반대지만 말일세. 어떤 경우에도 불의한 짓을 해서는 안 되니까 하는 소릴세.

크리톤 안 되지.

소크라테스 그러면 이건 어떤가? 크리톤, 우리는 누구에게 해를 끼쳐도 되는가? 그래선 안 되는가?

크리톤 안 되네, 소크라테스!

소크라테스 이건 또 어떤가? 대중이 믿고 있듯이, 해를 입었으면 그것을 되갚아주는 게 옳은가? 아니면 그래선 안 되는가?

크리톤 결코 안 될 말일세.

소크라테스 그 까닭은, 사람들을 해코지하는 것은 불의한 짓을 저지르는 것과 다르지 않기 때문일 거네.

크리톤 참으로 그렇네.

범식   지당한 말을 하고 있구먼.

 범식이 또 할배 귀신 빙의했다! '지당한 말을 하고 있구먼'

이라니…… 소름! 소크라테스의 말은 당연 맞지만 지켜지
지는 않는 듯.

캐순 하지만, 지당한 것 위에 세운 말만이 꼿꼿하게 서 있을 수
있어.

범식 이성, 즉 로고스에 따라 사는 삶은 '비폭력 무저항주의'(톨
스토이와 간디의 비폭력주의가 대표적이다)라는 게 소크라테스
의 지론이란 말이지?

 거기서 '악법도 법이다'가 나온 건가?

캐순 소크라테스가 비폭력은 말했지만, 무저항은 말하지 않
았어.

뭉술 비폭력 무저항주의는 들어 봤어도 비폭력 저항주의는 못
들어 본 것 같은데?

 아니! 많은 사람들은 간디의 행동을 비폭력 무저항주의라
하지만, 나는 간디의 운동도 비폭력 불복종을 통한 저항주
의라고 보는 게 옳다고 생각해. 《변론》을 읽으면 소크라테
스 역시 비폭력 불복종을 통한 저항을 했다는 사실을 알았
잖아.

과두 정체 시기에 있었던 일을 말씀드리겠습니다. 30인 참주가 그
들의 업무실로 저를 포함한 다섯 사람을 출두케 했습니다. 그곳에

갔더니, 살라미스 사람인 레온을 처형하기 위해 살라미스에서 연행해 오라고 했습니다. 그들은 다른 사람들에게도 그런 명령을 자주 내렸지요. 그들의 범죄에 최대한 많은 사람들이 얽히게 하기 위해서였죠. 그때도 저는 말과 행동으로 보여주었습니다. 제 관심사는 죽음 따위가 아니라, '옳지 않은 일이나 불경한 짓을 하지 않는 것'이라는 점 말입니다. 그 정권은 강력하긴 했지만, 옳지 않은 짓을 하도록 저를 겁주는 데는 실패했습니다. 그 건물에서 나온 뒤 다른 네 사람은 살라미스로 가서 레온을 연행해 왔지만, 저는 곧장 집으로 와버렸지요. 그 정권이 금새 무너지지 않았다면, 저는 그 일 때문에 죽임을 당했을 겁니다.[*]

 이건 통치자의 명령이 올바르지 않다고 여겨 소크라테스가 안 따른 거니까, '악법은 법이다'가 아니라 오히려 '악법은 법이 아니다'라고 여긴 예증이라고 할 수 있겠는데?

캐순 그러면 탈옥은 왜 안 했는데?

범식 해를 입었다고 앙갚음하는 것은 올바른 짓이 아니니까.

캐순 탈옥하면 누가 피해를 보는데? 탈옥을 방조한 감옥지기나 그것을 계획하고 실행한 친구들이 피해를 볼 뿐이야. 탈옥

---

[*] 이양호 지음, 《소크라테스는 한번도 죽지 않았다―《변론》 단단히 읽기》(평사리, 2017), 152~153쪽.

은 누구에게도 앙갚음을 할 수 없어.

뭉술   그렇다면, 친구들이나 감옥지기에게 해를 끼치지 않으려
       는 마음 때문이었나? 소크라테스 같은 성인 입장에선, 자
       기 때문에 생사람 잡는다고 생각했을 수도…….

소크라테스 해를 입었다고 되갚아주는 것이 옳지 않다면, 되갚
아준답시고 올바르지 못한 짓을 해서도 안 되고, 남에게 해를 입
혀서도 안 되네. 그러니 크리톤, 자네는 자네 신념과 어긋나게
말하고 있지는 않는지 잘 살펴야 하네. 대부분의 사람들은 내 말
에 동의하지 않기 때문, 아니 절대 동의하지 않을 것이기 때문이
네. 그 뿐이 아닐세. 내 말을 받아들이는 사람들과 받아들이지
않는 사람들은 함께 논의를 진행할 수 없네. 어느 쪽이 되었건
서로의 주장에 대해 서로 경멸하기 때문일세. 그러니 잘 헤아린
다음 말해주게.

　올바르지 못한 짓을 저지르는 것도, 앙갚음을 한답시고 해
코지하는 것도, 복수를 통해 자기를 지키는 것도 결코 옳지
못하다는 팻말. 이 팻말을 우리 논의의 출발점에 세울 수 있
겠는지 잘 생각해보게. 아니라면 자네는 이에 동의하지 않기
에 이 출발점에 서지 않을 수도 있네, 그럴 텐가?

　나야 늘 그렇게 생각했고 지금도 마찬가지네. 하지만 크리

톤, 자네 생각이 그것을 받아들일 수 없다면 내게 그 까닭을 일러주어 나를 깨우쳐주게. 만약 자네가 이전에 우리가 맞장구쳤던 말에 여전히 동의한다면, 그 다음 단계로 넘어가세.

크리톤 그 말에 여전히 동의하네. 계속 말하게. 자네와 생각이 같으이.

범식 논의의 출발점을 단단히 못 박아 두겠다는 거네. 그래야 딴소리 하지 않을 테니까.

캐순 논리, 즉 로고스가 이끄는 대로 따라가겠다는 건데…….

뭉술 그런데 탈옥이 누구에게 앙갚음하는 거지?

범식 사형선고를 내린 사람들에게 앙갚음하는 셈이지.

캐순 그게 맞기는 해. 하지만 소크라테스는 지금 이 문제를 일반적인 관점에서 살피고 있다는 점을 눈여겨봐야 한다고 생각해.

  일반적인 관점?

범식 "되갚아 준답시고 올바르지 못한 짓을 해서도 안 되고, 남에게 해를 입혀서도 안 된다"라고 소크라테스가 말했잖아. 지금 소크라테스는 '소크라테스'의 '탈옥'이라는 식으로, 즉 개별적인 것을 문제 삼지 않고, '올바르지 못한 짓'이나 '남에게 해를 입히는 것'이라는 식으로 문제삼고 있다는 거지.

뭉술 그래도 우선은 내가 해를 입지 않는 게 가장 중요한 거 아
니야?

 탈옥 문제가 구체적으로 어떻게 진행되었는가를 아는 것
도 필요하지만, 어떤 문제를 대하는 소크라테스의 태도를
우리가 배우는 것이 더 중요한 것 같아. 헤아리는 방식을
배워 다른 문제를 풀 때 적용할 수 있도록 말이야.

소크라테스 어떤 경우에도 올바르지 못한 짓을 해서는 안 된다
는 내 말에 여전히 동의한다면, 다음으로 넘어가세. 아니, 묻겠
네. 누군가에게 약속을 했는데, 그것이 올바른 것일 경우 그것
을 지켜야만 하는가 아니면 그 약속을 저버려도 괜찮은가?

크리톤 지켜야만 하네.

소크라테스 정말로 그렇다면, 잘 살펴보게. 우리가 이 나라를
상대로 설득하지 않고 여기서 도망간다면, 우리는 해쳐서는 안
될 사람들을 해치게 되네, 그렇지 않겠는가? 하나 더 묻겠네. 정
당하게 했던 그 약속들을 계속 붙들고 있어야 하는가, 아니면 저
버려도 되는가?

크리톤 나는 자네의 물음이 잘 이해되지 않네, 소크라테스.

 크리톤이 정말 이 정도밖에 안 됐나?

뭉술   평소에 그가 얼마나 '캐묻는 일'을 등한시했는지 알겠어.
       나도 이해가 가는데 말이야.

 그래? 난 오히려 소크라테스 말에 어리둥절해지는데?

범식   그의 말은 두 가지잖아. 첫째 탈옥을 하게 되면 그것 때문
       에 공연한 사람이 해를 입게 되느냐, 그렇지 않느냐? 둘째
       정당하게 한 약속은 반드시 지켜야 하는가, 그러지 않아도
       되는가?

캐순   첫 번째 물음엔 공연한 사람, 즉 친구나 감옥지기가 피해를
       본다는 게 맞을 거고, 두 번째 물음엔 '정당한 약속은 지켜
       야' 한다가 그 대답이겠지! 그런데 크리톤이 과연 그 정도
       말을 이해하지 못했을까? 정당하게 한 약속은 지켜야 한다
       는 소리는 악법도 법이라는 소리완 다른 거잖아? 소크라테
       스가 한 정당한 약속이 뭐지? 이게 《크리톤》 책 전체를 꿰
       뚫는 핵심이라는 생각이 든다.

 윽…… 캐순이 병 도졌다. 저놈의 캐물음!

04

단단히 화가 난
'나라 법'의 연설

탈옥은 법률과 나라를 파멸시킬 걸세

소크라테스 그렇다면 이렇게 생각해보게. 우리가 여기서 도망가려고 할 때, 그 행위를 뭐라고 명명하든, 나라 법과 나라 공동체가 우리 앞을 막고 서서 다음과 같이 따진다고 생각해보게."소크라테스여, 말하게나. 그대는 지금 무엇을 하고 있는가? 그대의 이 행동을 통해, 그대는 우리 둘, 즉 나라 법과 나라를 파괴하려고 온 힘을 쓰고 있는 것 아닌가? 아니라고 할 텐가? 설마 그대는 한 나라의 법정에서 선고된 판결이 아무 효력도 갖지 못하고 개인들에 의해 내쳐지고 짓밟혀지는데도, 그런 나라가 엎어지지 않고 계속 서있을 거라고 생각하는 건 아니겠지?" 이런 물음이나 그 비슷한 물음에 우리는 뭐라고 대답해야 하겠나, 크리톤! 일단 판결이 내려진 것은 효력을 갖도록 법은 규정하고 있네.

범식 그가 탈옥하면 공연히 해를 입을 사람들이 있을 거라는 말
      이 친구나 감옥지기를 두고 한 소리가 아닌데?

캐순 소크라테스, 과대망상증에 걸린 거 아니야? 자기 한 명 탈
      옥했다고 "나라 법과 나라 공동체가 파괴"된다는 게 말이
      나 되는 소리니? 소크라테스 혼자 사는 나라도 아니고 말
      이야.

      소크라테스의 말은 그런 뜻이 아니야. 판결이 존중받지 못
      하면 법체계가 통째로 무너진다는 소리를 하고 싶은 거야.

뭉술 잘못된 판결인데도?

범식 자기 맘에 들지 않는 판결이라고 해서 그 판결을 사람들
      마다 받아들이지 않는다고 가정해 봐. 그러면 법이 어떻
      게 될까?

뭉술 무너지겠지. 하지만 지금 크리톤은 소크라테스 한 명에게
      탈옥을 권유하고 있는 거지, 판결에 불만 있는 사람들마
      다 찾아다니면서 그런 판결은 무시하라고 하는 것은 아
      니잖아.

캐순 물론, 아니지. 하지만 소크라테스가 어떤 사람이니? 그는
      이성, 즉 로고스에 입각해 보았을 때 맞는 행동만 하겠다는
      사람이잖아. 이성적이라는 것은 보편적이라는 뜻이고, 보
      편적이라는 것은 모든 사람이 그렇게 해도 된다는 소리고.

뭉술   그래서 최종적으로 '악법도 법이다'라는 말이 나오게 되었
      나보다!

캐순   아직은 그렇게 말할 수 없다고 생각해. 지금 문제삼고 있는
      건 '법의 판결'이지, '악법'이 아니거든.

       그러면 소크라테스는 잘못된 판결이 내려졌을 땐 어떻게
      해야 한다고 생각하는데?

캐순   글쎄, 계속 그의 말을 들어 보자.

소크라테스 그런데 이 법이 무너진 것을 두고서 어떤 사람들, 특
히 웅변가들은 이런저런 말들을 만들어 낼 것이네. 그러면 우리
는 그들에게 다음처럼 대답할 것인가? "그렇소. 나라가 올바르
지 못한 판결을 함으로써 우리에게 불의한 짓을 저질렀기 때문
이오." 이렇게 말할 텐가, 아니면 다르게 말할 텐가?

크리톤 바로 그 말이네, 소크라테스, 제우스에 맹세코.

뭉술   크리톤은 역시 현실적인 사람이야. 딱 보니까 나와 같은 부
      류야. 악한 판결까지 존중할 필요는 없잖아?

캐순   뭉술이 네가 언제부터 현실적이었냐? 오히려 그 반대 아
      님? 크리톤의 생각이 현실적이라면 그에게 딴지를 거는 소
      크라테스는 이상적인 사람인가? 내 눈엔 거꾸로 보이는데.

뭉술   넌 나를 너무 잘 알아. 왠지 기분 나빠.

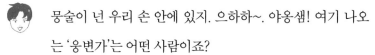 뭉술이 넌 우리 손 안에 있지. 으하하~. 야옹샘! 여기 나오는 '웅변가'는 어떤 사람이죠?

야옹샘   소크라테스가 범죄를 저질렀다고 고발했던 부류의 사람들이라고 생각하면 될 것 같아요.

그들이 이런저런 말을 만들어낸다는 게 뭐지?

범식   소크라테스는 자기는 범법자가 아니라고 강력하게 변론하잖아? 그런 그가 탈옥한다면 고발했던 사람들이 다음과 같이 말하지 않겠어? '것 봐. 그는 법에 대한 존중은 털끝만큼도 없는 인간이잖아!'

캐순   그런 비난이 두려워 탈옥하지 않았단 말이야?

소크라테스 그럼 나라 법이 다음과 같이 말한다면 뭐라 말할 텐가? "오 소크라테스! 그것이 우리가 합의했던 사항이란 말인가? 아니면 나라가 내리는 판결에 그대로 따르기로 한 게 우리의 합의인가?" 이렇게 나라 법이 하는 말을 듣게 되면 나는 그저 깜짝 놀라겠지.

 나라 법과 소크라테스 사이에 합의 사항이 있었다고? 깜놀~.

범식 나라 법과 각각의 시민 사이에 이루어진 합의 사항을 두고
말하는 거겠지.

캐순 일종의 사회계약설* 말인가?

범식 그렇지. 누구도 직접 그 계약서에 서명을 한 적이 없지만
서명했다고 믿을 수밖에 없다는 게 사회계약설인데, 소크
라테스가 지금 나라 법의 입을 빌려 사회계약설을 말하고
있는 셈이지.

캐순 사회계약설의 원리가 홉스(1588~1679)[†]와 로크(1632~1704)[‡]
에게서 처음 밝혀진 게 아닌데.

뭉술 홉스랑 로크는 또 누구냐……. 그나저나 소크라테스가 말
하는 계약의 내용은 뭐지?

야옹샘 '정당하지 못한 판결을 내려 나라가 개인에게 해를 끼치게
되었다면, 그런 판결은 존중할 필요가 없다'라는 식의 사회

---

* '모든 인간은 나면서부터 권리를 갖는다'는 것을 전제로 삼는 사상이다. 문제는 모두가
자기 권리를 주장하면 만인 대 만인의 투쟁 상태가 되어, 나면서부터 갖게 된 그 권리를
보장받을 수 없다는 점이다. 그래서 사람들이 계약을 맺어 나라를 만들고 법을 제정했다
는 견해이다.

† 정치철학자로, 시민이 국가와 맺은 계약은 단 한 번만 할 수 있고 변경이나 철회를 할 수
없다는 절대주의적 군주제를 주장했다.

‡ 철학이자 정치사상가로, 영국의 명예혁명을 지지했다. 그는 왕권의 절대성을 부정하고
왕권은 의회와 균형을 이루어야 한다고 생각했다. 근대과학을 포함한 인식의 문제를 다
룬 《인간오성론》이 그의 대표작이다.

계약이 이루어졌는가를 묻고 있는 거예요.

범식   그런 계약이 이루어졌을 때만 소크라테스 자신의 탈옥이 정당화된다는 소리를 하고 싶은 거지.

캐순   하지만 "이렇게 나라 법이 하는 말을 듣게 되면 나는 그저 깜짝 놀라겠지"라고 말하는 걸로 봐서 소크라테스는 그런 계약은 있을 수 없다는 생각인 거지.

잠깐! 딴 생각하느라 놓쳐서 그런데, 소크라테스가 부정하는 계약의 내용이 뭐지?

캐순   "나라가 올바르지 못한 판결을 함으로써 우리에게 불의한 짓을 저지르면, 우리도 나라 법을 부정할 수 있다"는 계약이 성립되었느냐의 문제야.

뭉술   아~ 그 내용을 소크라테스는 인정할 수 없다는 거로군.

범식   그런 계약을 인정한다 하더라도 문제가 해결되는 게 아니어서 그랬을 거야. 정당하지 못한 판결인가 아닌가를 도대체 누가 판결하느냐는 거지. 그때도 역시 '올바르지 않은 판결이라고 여겨지면 어떻게 해야 하는가'의 문제가 여전히 남아 있었거든. 그 때문에 요즘 나라들은 3심제를 채택하고 있긴 하지만…….

캐순   그럼에도 문제는 남아. 최종심이 잘못된 판결일 가능성은 여전히 적지 않으니까.

뭉술 탈옥 하나에 이렇게 많은 문제가 얽혀 있다니, 놀랍군. 소크라테스 말대로 캐물어야 할 이유가 충분하네.

범식 캐묻지 않고 행동하는 것은 눈감고 길을 가는 것과 다름없다는 생각이 든다.

캐순 소크라테스는 그보다 훨씬 강하게 말했어. "캐묻지 않는 삶은 살 가치가 없다."

뭉술 그나저나 멍하니 서 있는 소크라테스에게 나라 법이 뭐라고 말할까? 점점 궁금해지는데?

소크라테스 그러면 이들은 아마도 다음과 같이 덧붙일 것이네. "놀라지 말고 내가 하는 말에 대답하게, 소크라테스. 그대는 묻고 답하는 것에 익숙하지 않은가. 잘 보게나, 나라 법과 나라가 그대에게 무슨 잘못을 저질렀기에 그대는 우리를 파괴하려 하는가?"

뭉술 오~ 이런! 나라 법이 '내가 잘못한 게 뭔데?' 하며 따지고 있어.

범식 '나를 꼭 파괴해야 직성이 풀리겠어?' 하며 그 이유나 한번 들어보자는 건데! 소크라테스에게 사형 선고를 내린 게 나라 법이잖아?

캐순 그렇다고 나라 법이 소크라테스에게 사형 선고를 내리라
      고 한 건 아니잖아?

뭉술 아무튼 나라 법 자신은 잘못한 게 없다는 투네.

야옹샘 이 뒤에 나라 법 자신이 소크라테스에게 얼마나 많은 은혜
      를 끼쳤는가를 나열하고 있으니까 그것을 들어보죠.

소크라테스 "무엇보다도 우리는 그대를 낳아주었네. 우리를
통해, 그대의 아버지는 그대의 어머니와 결혼하고 그대를 낳았
기에 하는 말일세. 그러니 말해보게, 그대가 보기에 결혼에 관한
법률에 비판할 점이 있는가?"

  나는 "그런 거 없습니다"라고 말할 것이네.

  "그게 아니라면 그대도 받았던 교육과 아이들 양육에 관한
법률이 그대 맘에 안 드는가? 그대에게 음악과 체육을 교육
시키도록 그대 아버지에게 지시한 교육법이 그대 맘에 들지
않았느냐 말일세."

  "충분히 맘에 들었는데요?"라고 나는 대답할 것이네.

뭉술 왜 소크라테스가 자신과 관련된 법 조항을 논의하지 않고
      결혼법, 양육법, 자녀교육법 같은 걸 들이대는 거지?

범식 판결이 맘에 안 든다고 하여 탈옥하게 되면 나라의 법체

계 전반이 무너지게 된다고 앞에서 말했잖아. 그렇게 되면 "손해를 끼쳐서는 안 되는 것에 손해를 끼치게 되는" 셈이지. 그걸 설명하고 있는 거야.

 법체계를 보호하기 위해 악법도 지켜야 한단 말이야? 앞에서 인용한 《변론》에서 봤듯이, 소크라테스는 통치자들의 명령을 거부했어. 올바른 명령이 아니라는 판단 때문이었지. 그런데 지금은 법질서를 위해 악법도 지켜야 한다고 말한다면, 그것은 이율배반(서로 모순되어 양립할 수 없는 두 개의 명제)이야.

 악법도 존중되어야 한다고 그가 말하고 있는 건 아니야. 아직까지 그런 말은 소크라테스 입에서 단 한번도 나오지 않았어.

캐순   그건 그렇지. 그나저나 나라 법은, 소크라테스에게 그를 기소한 법이 맘에 들지 않느냐고 먼저 물어야 되는 것 아니야?

뭉술   소크라테스는 자신을 기소했던 법이 악법이라고 여겼던 걸까?

범식   그건 아니지.《소크라테스는 한번도 죽지 않았다》에서 아주 꼼꼼히 살폈잖아! 그는 단 한번도 자신을 기소한 법에 문제가 있다고 한 적이 없어. 단지 '제대로 판결하라'고 요

청했을 뿐이었지. 제대로 된 판결이 그가 요구한 전부야. 기소 사유가 두 가지였지. 첫째, 소크라테스는 젊은이를 타락시켰다. 둘째, 그는 무신론자이다.

소크라테스가 극구 변론하여 밝힌 것은 자신은 젊은이를 타락시킨 적이 없고, 자신이 무신론자라는 것은 정말이지 말도 안 된다는 것이었어. 그러고 보니 그를 기소한 법에 문제가 있다고 소크라테스 자신이 말한 적이 없네.

범식 맞아. 그리고 소크라테스가 탈옥을 반대했다고 해서, 그를 기소한 법을 그가 악법이라고 생각했다고 말할 수는 없어. 더구나, 탈옥을 반대했다는 것 때문에 '악법도 법이니까 지켜야 한다'는 식으로 될 수가 있다는 건 더 이상해.

아옹샘 《에우티프론》*에 보면, 소크라테스가 기소되었던 조항에 대해 어떻게 생각하는지 잘 나와 있어요. 에우티프론이라는 사람이 소크라테스에게 무슨 사유로 기소되었냐고 묻자 소크라테스가 대답하는 부분을 읽어 볼게요.

내 생각으로는 그게 보통 일이 아닌 것 같소. 그처럼 중요한 문제

---

* 플라톤의 초기 저작으로, 소크라테스가 기소를 당해 법정으로 가는 동안에 에우티프론이라는 사람을 만나 말을 나눈다는 내용이다. 경건함과 신들에 대한 공경심을 말감으로 삼고 있다.

에 대해 아는 바가 있다는 건 평범한 일이 아니기 때문이오. 그 사람이 말하는 것은 젊은이들이 어떤 식으로 타락하게 되고 또 이들을 타락시키는 자들이 누구인지를 알고 있다는 소리가 아니오? 내가 보기엔 정말 그런 사람이 있다면 그만이 나라 일을 시작함에 있어서 옳게 할 것 같소. 왜냐하면 먼저 젊은이들이 최대한으로 훌륭해지도록 그들을 돌보는 것이야말로 옳게 시작하는 일이기 때문이오.

범식 　소크라테스는 젊은이를 타락시켜선 안 된다는 것을 악법이라고 여기기는커녕 오히려 중요하게 다루어야 할 문제라고 여기고 있다는 것을 알 수 있는데요?

야옹샘 　그렇죠? 다만 무신론자는 처벌받아야 한다는 식의 법조항에 대해선 그가 이 조항을 악법으로 여기지 않았다는 것을 명시적으로 밝힌 부분은 없어요.

캐순 　하지만 그 자신이 그처럼 분투하는 삶을 사는 이유가 다 '신의 뜻'에 따르기 위해서라고 《변론》에서 몇 번이고 이야기했잖아요? 이런 점을 놓고 보면, 이 법에 대해서도 그는 나쁘지 않게 생각했던 것으로 여기는 게 논리적이라고 봐야겠죠.

　그렇다면, 최소한 소크라테스에게 악법으로 여겨질 수 있는 법이 아테네 법엔 없었다는 소리잖아?

캐순 올바른 판결이든 올바르지 않은 판결이든, 그 최종적인 판결은 반드시 존중되어야 한다는 것을 악법이라고 할 수 있다면 모를까, 소크라테스가 말한 것 중에는 악법이라고 할 만한 게 없어.

뭉술 헐~ 정말 그렇네! 나라 법이 자기 자신을 방어하는 소리에 계속 귀기울여 보자.

나라 법[*] 그대는 이곳에서 태어나 자라고 교육받았네. 그런데도 그대가 우리의 자녀이자 노예가 아니라고 말할 수 있는가? 그대의 부모들이 우리의 자녀이자 노예였는데도! 사실이 이러한데도, 그대는 그대의 권리와 우리의 권리가 대등하다고 여기는가? 우리가 그대에게 무슨 짓을 하면 그대도 우리에게 그것을 되돌려줄 권리가 있다고 여기는가? 그대는 그대의 아버지, 또는 주인과 같은 권리를 가진다고 생각하는가? 그들이 그대를 때리고 욕을 퍼붓고 다른 무슨 나쁜 짓을 하면 그대가 그들에게 그것을 되갚아줄 권리가 있다고 생각하는가?

---

[*] 의인화한 법률이 소크라테스에게 하는 말로, 소크라테스의 주장이지만 본 책에서는 독자들의 이해를 돕기 위해 '나라 법'으로 표기했다.─편집자

뭉술 어? 이건 악법도 지켜야 한다는 소리 아닌가? 글자 그대로
      그렇게 말한 건 아니지만.

범식 법과 개인의 지위가 대등하지 않다고 그것을 악법이라고
      할 수 있을까?

하지만 "그대는 그대의 권리와 우리의 권리가 대등하다고
여기는가? 우리가 그대에게 무슨 짓을 하면 그대도 우리에
게 그것을 되돌려줄 권리가 있다고 여기는가?"란 문장이,
법의 '절대성', 즉 '악법도 법이다'를 뒷받침할 수 있는 게
아닐까?

범식 얼핏 보면 그렇다는 생각도 들어. 하지만 여기서 말하는 법
      의 절대성은 '법 내용의 절대성'이 아니라, 법에 의한 '판결
      의 절대성'이야. 그 문장을 가지고 소크라테스가 법은 무조
      건적으로 존중되어야 한다고 말했다고는 할 수 없어.

캐순 《변론》에서도 그는 그를 석방해 주는 조건으로 캐묻는 삶
      을 금지한다면 그런 법은 결코 따를 수 없다고 했지. 그 부
      분을 내가 한번 읽어 볼게.

오오, 소크라테스! 우리는 아뉘토스의 말을 따르지 않고 그대를 무
죄방면하겠소. 다만 조건이 있소. 그대는 그런 탐구와 철학을 하는
삶을 살지 마시오. 만약 그대가 계속 그렇게 살다가 붙잡히면, 그땐

사형을 당할 것이오"라고 하신다면, 저는 여러분께 이렇게 말씀드
리리다.

아테네인 여러분! 저는 여러분을 좋아하고 사랑합니다. 하지만
여러분보다는 신에게 복종해야 합니다. 저에게 숨이 붙어 있는 한
저는 철학하며 사는 일도, 여러분에게 충고하는 일도, 만나는 사람
이 누구건 간에 제가 늘 했던 대로 다음과 같이 그들을 일깨우는 일
도 그만두지 않을 것입니다. (……)

아테네인 여러분, 이 점을 숙고한 뒤 아뉘토스의 말을 따르든 말
든 하시고, 저를 무죄방면하든 말든 하십시오. 몇 번을 거듭해서 죽
는다 하더라도 제 삶의 태도는 바뀌지 않을 것입니다.[*]

소크라테스가 한 이 말은, 법의 내용이 무엇이든 무조건 따
라야 한다는 말과는 전혀 맞지 않잖아?

범식   당연히 '법과 개인의 지위가 대등하지 않다'는 것만으로는
악법이라고 할 수 없지! 하지만 둘 사이를 비유하는 걸 봐.
주인과 노예에 빗대고 있잖아? 절대 복종하라는 거지!

캐순   소크라테스가 끝내 법과 개인의 관계를 주인과 노예에 빗
댄다면, 그가 악법도 법이라고 여겼다는 통념에 나도 동의

---

[*] 이양호 지음, 《소크라테스는 한번도 죽지 않았다―《변론》 단단히 읽기》(평사리, 2017),
131~133쪽.

하겠어. 하지만 비유를 들면서 과장한 것일 수도 있으니까 나라 법의 말을 좀 더 들어보도록 하자.

나라 법 우리가 그대를 파멸시키는 것이 옳다고 생 각하고 그렇게 하려 할 때, 그대도 그대 자신이 속 해 있는 나라를 파괴시킬 권리가 있다고 생각하는 가? 그렇게 하는 것이 올바른 행동이라고 그대는 주장하는가? 그것이 올바름에 전념한다는 사람이 할 소리인가? 신들과 지각 있는 사람들 사이에서,  그대의 어머니나 아버지나 그 밖의 다른 선조보다도 그대의 조 국이 더 소중하고 더 존경스럽고 더 신성하며 더 높이 평가받는 다는 것도 그대는 모른단 말인가? 그러고도 지혜로운 자인가?

또한 나라 법이 분노하면 그대 아버지가 분노할 때보다 더 두려운 마음으로 더 공손하게 달래야 한다는 사실을 모르는 가? 그대 앞에 놓인 길은 설득하거나, 설득되지 않으면 복종 하는 길밖에 없다는 것도 모르는가? 만약 나라 법이 우리에 게 시련을 겪게 하면, 그것이 무엇이든 조용히 겪어야 한다는 것을 모른단 말인가? 나라 법이 그대에게 벌을 내려 때리든 투옥하든 그대는 거기에 따라야 하네.

뭉술 여기서는 법과 개인의 관계를 아버지와 아들에 빗댔는데?

범식 그렇더라도 법에 무조건 절대 복종을 요구하고 있는 점은 달라지지 않아. 법이 개인을 파멸시키려 해도 법에 저항하거나 앙갚음을 해서는 안 된다고 하고 있잖아?

캐순 법에 절대 복종을 요구하는 건 맞는데, 무조건 복종을 요구하고 있진 않아. "조국을 설득"하는 걸 허용하고 있잖아! 국민을 설득해서 법을 폐지하거나 개정할 수 있다는 거지. 설득을 허용한다는 점에서 둘 사이를 주인과 노예에 빗대는 것보단 부모와 자식 관계에 빗대는 게 더 맞겠네. 노예는 주인의 말에 딴지를 걸거나 설득할 수 있는 권한이 주어지지 않으니까.

범식 하지만 '절대 복종'은 주인과 노예 사이에서 일어나는 거잖아. 이거는 어떻게 설명할 건데?

캐순 '최종적인 판결의 절대성'을 그렇게 말한 거 아닐까?

 오~ 그럴 듯한데?

범식 그러면 설득 가능성은?

캐순 당연히 '법의 구체적인 내용'을 바꾸자고 설득할 수 있다는 거겠지.

뭉술 법의 내용은 합의에 의해 얼마든지 변경 가능하지만, 최종적인 판결은 절대적으로 존중되어야 한다는 거네.

범식　그럼 여기서 문제삼았던 건 특정한 악법이 아니라 '법의 일반적인 특성'이라고 봐야겠다.

 내 말이!

나라 법 그리고 우리가 그대를 전쟁터로 이끌어 부상이나 죽음으로 몰아넣어도 그대는 거기에 따라야 하네. 피하거나 도망치거나 벗어나선 안 되네. 전쟁터, 법정, 그 밖의 어떤 곳에서도 그대는 나라와 조국의 명령을 이행해야 하네. 그것이 싫다면, 진정 옳은 게 무엇인지 설득해야 하네. 어머니나 아버지를 폭행하는 건 불경한 짓이라는 걸 자네도 인정하겠지? 조국을 폭행하는 것은 그보다 훨씬 더 불경한 짓이지 않나?

소크라테스 나라 법이 이렇게 말하면, 뭐라 말할 텐가? 크리톤! 나라 법이 진실을 말하고 있다고 할 텐가? 아니라고 할 텐가?

크리톤 진실인 듯하이.

뭉술　전쟁이 터진 경우, 나라가 법의 이름으로 개인을 죽음으로 몰더라도 무조건 따라야 하는 게 맞기는 하지.

캐순　그 말이 소크라테스 때는 맞았을지 몰라도 현대엔 다르게 생각해야 한다고 봐. 여호와의 증인*들에게서 나타나는 '양

---

*　1872년 찰스 테이즈 러셀이 세운 신흥 기독교로, 예수를 하나님과 동등하다고 여기지 않는 게 특정이다. 나라와 정부의 권위를 인정하지만 전쟁만은 어떤 경우에도 거부한다.

심적 집총 거부'라는 게 그렇게 간단한 이야기가 아니거든.

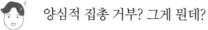 양심적 집총 거부? 그게 뭔데?

범식 종교적이고 양심적인 이유로 징집 등 병역 의무를 거부하

거나 전쟁 등에 참가하는 것을 거부하는 거야.

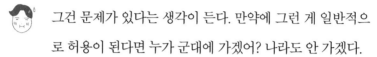 그건 문제가 있다는 생각이 든다. 만약에 그런 게 일반적으

로 허용이 된다면 누가 군대에 가겠어? 나라도 안 가겠다.

범식 그냥 군대를 안 가는 게 아니야. '대체복무'라고 해서 그에

상응하는 의무를 수행하지.

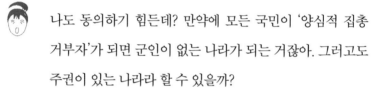 나도 동의하기 힘든데? 만약에 모든 국민이 '양심적 집총

거부자'가 되면 군인이 없는 나라가 되는 거잖아. 그러고도

주권이 있는 나라라 할 수 있을까?

범식 '군인이 없는 나라'를 상상할 순 없지. 하지만 양심적 집총

거부를 인정하면 모두가 다 그것을 선택할 거라고 여기는

것은 논리적인 비약이라고 생각해. 2003년 현재 징병제(국

가가 국민 모두에게 강제적으로 병역의 의무를 지우는 제도)를 실시

하고 있는 76개국 중 양심적 집총 거부를 인정하는 나라가

독일, 대만, 폴란드 등 23개국이나 돼. 하지만 그 나라 군대

가 텅텅 비었다는 소리는 아직까지 없잖아?

캐순 아…… 그래? 흥미 있고 꼭 필요한 논의거리지만 다시 소

크라테스로 돌아가자. 그 문제도 결국 '양심적 집총 거부'

라는 법조항을 채택할 것인가 말 것인가와 전혀 상관없는 문제 같진 않으니까.

범식   아테네 법은 어떤 내용이라 하더라도 논의 가능성과 그 결과의 법률화를 인정하고 있어. 하지만 어떤 식으로 결론이 났든 그것을 지켜야 해. 법의 절대성이지. 물론 이 법을 어기는 사람도 있겠지. 그에 상응한 값을 치러야 하겠지만.

뭉술   그렇군. 그나저나 앞에서 소크라테스가 물었던 "정당하게 한 약속은 지켜야 한다"는 말의 의미가 아직까지 밝혀지지 않았잖아. 그게 뭘까?

캐순   계속 소크라테스가 자문자답하는 소리를 듣다보면 그 의미가 밝혀질 때가 있겠지.

소크라테스 나라 법은 계속 말을 잇겠지.

나라 법 오, 소크라테스! 생각해보게. 우리가 한 말이 진실이라고 인정하는가? 그렇다면 그대는 지금 우리에게 불의를 저지르려 꾸미고 있는 것이네. 우리는 그대를 태어나게 했고, 길렀고, 교육했네. 그리고 우리는 우리의 재력이 닿는 한 자네와 모든 시민에게 좋은 것을 나누어주었네.

그렇게 해주고도 우리는 모든 아테네인이 자기결정권을 갖는다고 이렇게 선포했네. '성인이 된 뒤, 나라가 되어가는 꼴과 우리들 나라 법을 보고 나서 우리가 마음에 들지 않는 사람은 자기 재산을 챙겨서 그가 원하는 곳 어디로든 갈 수 있다'고. 그뿐인 가! 우리와 이 나라가 마음에 들지 않으면, 우리의 식민지 중 한 곳으로 이주하거나 다른 나라로 망명하는 것을 허용했네. 물론 그가 원하는 곳 어디든, 자신의 소유물을 다 가지고 갈 수 있지. 어떤 법률도 그것을 금지하거나 방해하지 않네.

그러나 우리의 사법 체계와 나라가 운영되는 꼴을 본 뒤에도 이곳에 머물러 있는 사람이라면, 그는 우리가 명령하는 대로 할 것이라고 우리와 사실상 합의한 것이라고 봐야 하네.

뭉술   아테네 법은 결코 '무조건 복종'을 요구하지 않는다는 소리를 소크라테스가 또 하고 있네.

캐순   아테네 시민들이 아테네 법을 받아들이지 않는 경우에 있어서까지도 아테네 법은 배려를 하고 있어. 그런 사람에겐 아무 조건 없이 아테네를 떠날 수 있는 권리를 인정하고 있다는 거야.

범식   우리나라도 그걸 인정하잖아?

 맞아요. 하지만 그런 식의 자결권은 어느 나라가 되었건 현대에 와서야 인정되었어요. 뿐만 아니라 현대 어느 나라의 국민보다도 '자기 나라 선택권'을 아테네인은 더 철저하게 누렸어요. 우리나라에서 자기 재산을 다 가지고 이민을 가야겠다고 신청하려면 이민가려는 나라의 이민 허가증이 있어야 하는데, 아테네인에겐 그런 게 필요 없었죠. 게다가 그들은 원한다면 자기 재산을 몽땅 들고 적대국으로 갈 수도 있었어요.

범식   그 정도였다면, 그 당시 아테네인은 완벽하게 자기 결정권을 누렸다고 할 수 있겠네.

 그런 점에서 충분히 '정당한 합의사항'이라고 할 수도 있겠어. 야옹샘! 소크라테스는 아테네 법에 문제가 있다고 생각한 적은 없나요?

야옹샘   마음에 들지 않는 구석이 있었겠지요. 하지만 법 개정을 요구한 적은 한번도 없었던 것 같아요.

캐순   그러면 소크라테스가 구체적으로 악법이라고 여겼던 건 뭐지?

뭉술   잘못된 판결도 존중해야 한다는 것밖에 없어.

범식   잘못되었다고 '여겨지는' 판결이지. 그는 이것에 대해 법의 절대성 측면에서 고찰했어. 최종적인 판결에 대한 존중은 논의의 대상이 아니라는 거지. 만약 법에 이 측면이 없다면 법이 설 자리가 없어지니까.

캐순   그건 그렇지. 법에 그 측면이 인정되지 않는다면 무법천지가 될 테니까.

뭉술   무법이라? 악법을 인정하지 않으면 무법천지가 될까?

캐순   그건 아니지. 어떤 경우에도 악법을 인정하지 않는 건 특정한 법을 인정하지 않는 거지, 자기 나라의 법 전체를 송두리째 부정하는 건 아니잖아.

자네는 이미 내게 복종하기로 합의했네

나라 법 그럼에도 복종하지 않는 자는 삼중으로 불의한 자일세. 첫째, 우리(아테네 법)가 그를 낳아주었는데도 우리에게 복종하지 않은 점이고, 다음은 우리가 그를 길러주었는데도 우리에게 복종하지 않은 점이네. 마지막으로 복종하겠다고 합의해 놓고선 복종하지도 않으면서, 그렇다고 우리가 옳지 않다는 것을 설득하지도 않은 점이 그것일세.

우리가 시키면 반드시 따라야만 한다고 우리는 다그치지 않네. 우리를 설득하는 것과 우리를 따르는 것 중에서 하나를 자유롭게 고르라고 하네. 그런데 그 중 어느 것도 하지 않으면서 복종도 하지 않는 사람이 있다면, 그는 불의한 자가 아닌가?

소크라테스, 자네가 지금 꾀하고 있는 것을 감행한다면, 그대는 이런 비난을 고스란히 받을 것이네. 아테네인들 중 그 누구보다도 그대가 비난을 가장 많이 받게 될 걸세.

소크라테스 "왜 그런데요?"라고 내가 물으면, 나라 법은 틀림 없이 나를 꾸짖으며 다음처럼 말할 걸세.

나라 법 소크라테스, 우리를 따르겠다고 그대만큼 또렷하게 우리와 합의한 아테네인들은 많지 않았네.

소크라테스 왜 그런고 하면, 그들(아테네 법)이 다음처럼 말할 걸세.

나라 법 소크라테스, 우리(아테네 법)에겐 우리와 이 나라가 그대 마음에 들었다는 증거가 확실히 있기 때문일세. 우리가 그대 마음에 들지 않았다면, 그대는 이곳에 붙박이처럼 시종일관 머물러 있지는 않았을 걸세. 여느 아테네인과 비교할 수 없을 정도로 그대는 여기에 붙어 있지 않았나? 그대는 축제를 보러, 이스트모스*에 딱 한 번 간 것 빼고는 이 나라를 나간 적도 없네. 그밖에는 군복무 때문에 외국에 갔을 때뿐이네. 다른 사람들처럼 외국여행을 한 적도 그대는 없네. 그뿐인가? 그대는 다른 나라도 다른 나라의 법도 알고 싶어 하지 않았네. 우리(아테네 법)와 이 나라에 만족했으니까.

그처럼 그대는 열렬히 우리를 택했네. 우리를 따라 시민으로서 활동하기로 합의한 거지. 특히나, 그대는 이 나라에서 자식들을 낳

---

* 펠로폰네소스 반도와 본토를 잇는 지협에 있는 도시이다. 이곳에서 여러 그리스 나라가 운동경기와 축제를 벌였다.

앉네. 이 나라가 그대 마음에 들었기 때문이 아니면 또 무엇이겠나!

이런 것들이 아니더라도, 그대는 재판받을 때 추방형을 제의할 수도 있었네. 그랬더라면 지금 그대가 이 나라의 뜻을 거스르면서까지 감행하려는 바로 그것을, 그때는 나라의 인정을 받으며 행할 수 있었네. 하지만 그때 그대는 뽐내며 말했지. 죽는 한이 있어도 한 줄기의 화조차 뿜어내지 않을 거라고. 그러곤 그댄 택했네, 추방이 아니라 죽음을.

이제 그대는 그때 그대가 한 말을 부끄러워하지도 않으면서, 우리들 나라 법을 무시하고 또 우리를 파멸시키려 하고 있잖은가! 이곳 시민으로 살기로 우리와 약속해 놓고서, 그대는 지금 그 모든 계약과 약속을 저버리고 도망가려 하고 있네. 이는 미천한 노예나 할 짓이라고 생각되지 않는가? 대답하게! 그대가 우리 나라 법을 따라 시민으로 살기로 한 것은 실제 행동으로 그렇게 하기로 합의한 것이지, 말로만 그러기로 한 것이 아니지 않는가. 내 말이 그른가, 아니면 옳은가?

소크라테스 이렇게 나라 법이 나에게 말한다면 나는, 그리고 자네는 뭐라 대답해야 하겠는가? 크리톤, 고개를 끄덕일 수밖에 없겠지?

크리톤 자네 말이 맞네, 소크라테스!

범식 법이 마음에 들지 않아 법 개정을 요구했는데도 그것이 받아들여지지 않는 경우엔, 자기 재산을 다 챙겨가지고 맘에 드는 나라로 가는 걸 아테네 법은 허용하고 있으니까 그렇게 하라는 거야.

캐순 그런데 소크라테스는 아테네 법이 맘에 안 든다는 생각을 해본 적이 없어. 그 누구보다도 아테네 법을 좋아했다는 거지. 이것은 아테네 법의 목소리를 빌려서 말했지만, 사실은 소크라테스 스스로 마음속에서 생각하고 있는 아테네 법에 대한 느낌이거든!

 이거 알고보니 소크라테스는 '아테네 법빠'잖아?

캐순 '아테네 판결빠'는 아니야!

뭉술 그러고 보니 아테네 나라 법과 소크라테스의 관계가 꼭 연인 사이 같지 않냐?

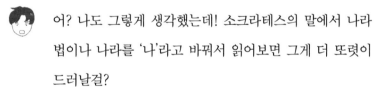 어? 나도 그렇게 생각했는데! 소크라테스의 말에서 나라 법이나 나라를 '나'라고 바꿔서 읽어보면 그게 더 또렷이 드러날걸?

뭉술 까짓 거 내가 한번 해보지. 흠흠~ 목소리 변조 중. 자기~! 소크라테스 옵빠!

 웩~!!

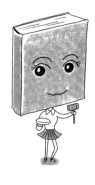

"소크라테스 님, 내게는 내가 당신 마음에 들었다는 뚜렷한 증거들이 있어요. 내가 당신 마음에 썩 들지 않았다면, 당신은 이토록 오랫동안 나에게 머물지 않았겠지요. 당신은 딱 한번 한눈을 판 것 말고는 내 곁을 떠난 적이 없으며, 군복무를 하느라 나와 떨어졌던 때를 빼곤 나와 떨어져 지낸 적도 없었지요. 당신은 남들처럼 다른 곳을 기웃거린 적도 없고, 다른 사람을 알고 싶어 하지도 않았어요. 나 하나로 만족했으니까요. 그처럼 당신은 열렬히 나를 택했고, 삶의 모든 길을 나와 함께하기로 합의했죠.

당신은 나에게서 자식들까지 낳았어요. 이것이 내가 당신 마음에 들었다는 증거가 아니고 무엇인가요? 더군다나 당신은 재판받을 때도, 만약 당신이 원했다면 나와 이혼하는 것을 제의할 수도 있었어요. 그랬더라면 지금 당신이 행하려는 것을 그때 내 동의를 받아서 할 수 있었죠. 하지만 그때 당신은 죽어도 여한이 없다며 이혼보다는 죽음을 택했어요. 그런데 지금 당신은 그때 한 말을 아랑곳하지 않고, 나를 무시하고 나를 파괴하려고 일을 꾸미고 있네요.

당신은 삶의 모든 길에서 나와 함께하기로 합의해 놓고 이제 와서 합의를 어기고 도망가려고 하고 있어요. 이것은 가장 천한 놈이나 할 짓이 아닌가요? 당신은 먼저 내 물음에 대답해 주고 도망가든 말든 하세요. 당신은 삶의 모든 길에서 나와 함께하기로, 말이 아닌 행동으로 그렇게 하기로 합의하지 않았나요? 이런 나의 말이 진실인가요, 진실이 아닌가요? 네? 제가 너무 뚱뚱해서 그런가요? 그럼 다이어트라도 할게요."

범식   윽…… 속이 좀 안 좋네. 앞에서 본 것에 따른다면 나라 법의 말이 진실이 아니라고는 할 수 없잖아?

뭉술   무엇보다도 소크라테스 스스로 선택했으니까.

캐순   게다가 소크라테스가 그녀의 모습(아테네 법)이 바뀌기를 바란다면, 바라는 그 모습이 무엇인지 충분히 말하고 설득하는 걸 허용했는데도, 소크라테스는 그런 말 한번 없이 늘 그녀 곁에만 머물렀어.

이런 연인 사이를 찾는 것도 쉽지는 않겠다. 너무 딱 붙어 다닌 거 아니야? 크크.

캐순   그런 사이였기에 소크라테스는 죽을 수밖에 없게 된 거지.

뭉술   자기가 죽지 않으면, 그가 그토록 사랑했던 연인이 죽게 되니까! 오~ 이건 좀 감동.

범식   그렇지. 최종적인 판결이 인정되지 않는 법은 법이라고 할 수 없으니까, 그런 경우엔 '법의 죽음'이라고 해야겠지.

두 연인 중 한 명은 죽어야만 하는 상황에 맞닥뜨려서, 사랑하는 연인(아테네 법)이 죽는 것을 차마 볼 수 없어 소크라테스 자신이 죽은 거였어!

뭉술   지독한 사랑이군!

자네 친구들에게 피해를 줄 것이네

소크라테스 그러면 나라 법은 말하겠지.

나라 법 지금 그대는 우리와 했던 계약과 약속을 어기려 하고 있네. 그런데 그 계약은 강제로 합의한 것도, 기만당해서 합의한 것도, 그렇다고 금방 결정하도록 그대가 궁지에 몰려서 합의한 것도 아닐세. 자그마치 그대는 70년이나 되는 긴 시간 동안 숙고했네. 우리가 그대 마음에 들지 않거나 우리 사이에 맺은 계약이 불공정하다고 생각되었다면, 그동안 그대는 언제라도 이 나라를 떠날 수 있었기에 하는 말일세.

하지만 그대는 스파르타*도 크레테†도 고르지 않았네. 이 두 나라는 훌륭한 나라 법을 갖추고 있다고 그대가 늘 말했던 나라인데도 말일세. 또한, 그대는 다른 그리스 나라가 되었건 그리스 외의 나라가 되었건 골라잡지 않았지. 그대는 그 어떤 절름발이, 장님 그리고 다른 종류의 장애인이 여행 가느라 이곳을 떠난 것보다 더 여기를 떠난 적이 없네. 그처럼 이 나라는 그대 마음에 들었던 게지. 이 점에서 여느 아테네인도 자네엔 미칠 수 없네. 우

---

* 고대 그리스의 폴리스로, 펠레폰네소스 반도 남부에 자리 잡고 있었다. 아테네가 떠오르기 전까진 모든 그리스 나라가 스파르타를 가장 매력적인 나라로 꼽았다. 군국주의 개혁인 '리쿠르고스의 개혁'이 특히 유명하다.

† 그리스 남부에 있는 큰 섬으로, 기원전 2000년에 이곳에서 미케네 문명이 번영을 이루었을 정도로 유서 깊은 곳이다.

리들, 즉 이 나라의 법 역시 그대 마음에 쏙 들었던 게 틀림없네. 실상, 누가 법이 없는 나라를 마음에 들어 하겠는가?

이러한데도, 그대는 우리 사이에 있었던 합의를 지키지 않을 텐가? 오, 소크라테스! 우리가 한 말을 따르고 합의를 지키게. 그러면 그대는, 이 나라를 떠나는 짓 따위를 하여 스스로를 우습게 만드는 일도 없을 것이네.

캐순　앞에서 소크라테스가 물었던 "정당하게 한 약속은 지켜야 하는가"라는 말의 의미가 무엇인지를 드디어 아주 구체적으로 밝혔어.

범식　우선 강요된 합의가 아니고, 기만당해서 합의한 것도 아니고, 그렇다고 단기간에 결정하도록 궁지에 몰려서 한 합의 사항도 아니라는 거지.

뭉술　그렇게 합의한 것으로 끝이 아니야. 그렇게 합의했어도, 원한다면 그 사항을 변경할 수 있는 시간을 무려 70년이나 주었다고 하고 있어.

캐순　그쯤 되면 '정당한' 합의라고 안 할래야 안 할 수 없겠다.

범식　정당한 합의였다면 지켜야 하는 거고.

뭉술　그런 만큼 크리톤에겐 소크라테스를 빼낼 구멍은 막혀만 가는 거고.

더욱 황당한 것은 소크라테스 자신이 그 구멍을 막고 있다는 거지.

캐순 　크리톤 같은 사람에겐 황당했겠지.

뭉술 　정당한 합의였다고 해서 사람들이 그것을 어기지 않는 것은 아니잖아?

캐순 　어기는 게 어기지 않는 것보다 월등하게 이익이 되면 대부분의 사람들은 어기지.

 하지만 소크라테스는 다르겠지. 자기 원칙이 확고해서 크리톤에게 앞에서 이렇게 말했잖아.

나는 지금만 그런 것이 아니라 언제나, 곰곰이 따져본 결과 가장 훌륭하다고 생각되는 로고스(원리) 말고는 내게 속한 그 어떤 것도 따르지 않는 그런 사람이기 때문일세. 나는 지금 내게 이런 운명이 주어졌다는 이유만으로 내가 전에 받아들였던 로고스(원리)들을 버릴 수는 없네.

캐순 　"가장 중요한 것은 사는 것이 아니라 잘 사는 것"이며, "잘 사는 것은 아름답고 올바르게 사는 것"이라고도 말했지.

나라 법 생각해보게, 소크라테스! 그대가 이런 합의사항을 어기고 우리에게 상처 입힌다고 해서, 그대와 그대 친구들에게 무슨 좋은 일이라도 일어날 것 같은가? 그대의 친구들은 틀림없이 이 나라에서 추방당하거나 재산을 잃게 될 걸세.

범식 친구들을 위해서라도 탈옥해야 한다고 크리톤이 소크라테스에게 간절하고도 강력하게 말했던 걸 상기시키고 있어.

캐순 이제 탈옥해야 할 근거로 크리톤이 들었던 것에 대해서도 하나하나 살필 셈인가봐.

뭉술 크리톤은 잘못된 판결 때문에 사형 선고를 받게 된 친구를 그냥 내버려두어 죽게 한다면 친구들이 비난받을 거라고 했지?

범식 맞아. 그런 식으로 말했어.

캐순 소크라테스가 탈옥하면 그땐 그의 벗들이 큰 죄를 받게 될 텐데, 벗들에게 그런 고통을 안기는 짓을 하고서라도 목숨을 부지하고 싶지는 않았겠지.

뭉술 아주 좋은 곳이 있다면 혹시 몰라도……. 제주도나 하와이처럼?

 쯧쯧쯧.

 캐순이 너도 원한다면 데려가줄게. 크크.

탈옥하여 어딜 가든 치욕스러울 걸세

나라 법 그대 자신에게도 안 좋기는 마찬가질세. 그대가 이웃나라인 테베*나 메가라[†]로 간다면, 그대는 그 나라의 정치체제를 흔들 사람, 즉 적으로 간 것이기 때문일세. 그 나라는 훌륭한 나라법을 갖추고 있는데, 애국자라면 누구나 그대를 그 나라의 법을 망칠 자로 보지 않겠는가 말일세.

그대는 또한 그대를 사형에 처한 재판관들에게 그들의 판결이 옳았다는 확신을 갖게 할 것이네. 나라 법을 망친 자는, 젊은이들과 지각없는 사람들을 망치는 자로 여겨지는 게 당연하지 않겠는가 말일세.

범식   그가 탈옥하게 되면, 그 스스로 범법자라는 것을 역설적으로 입증하는 꼴이 된다는 소리 또한 틀린 말은 아니겠는데?

     탈옥을 하지 않아야만 악한 판결을 내렸던 사람들에게 오히려 복수할 수 있다는 소리를 하고 싶었던 거 아닐까?

---

*   그리스 중부에 있는 유서 깊은 나라로, 펠로폰네소스 전쟁 동안 아테네와는 주로 적대관계였다.

[†]   아테네와 코린토스 사이에 있는 나라로, 기원전 8~7세기에 번성했다. 아테네의 제1시민 페리클레스의 주도로 메가라를 아테네 무역권에서 추방하고 봉쇄한 것이 제2차 펠레폰네소스 전쟁의 직접적인 발단이 되었다.

캐순   소크라테스가 다른 사람들에게 복수하는 걸 바라지는 않았
        을 거야. 자기에게 불의하게 굴었다고 해서 그 사람에게 되
        갚음 하는 것 역시 불의한 짓이라고 그가 말했잖아. 하지만
        그가 원하든 원하지 않든, 악한 판결을 한 사람들과 세 고소
        인에겐 큰 해악이 돌아갈 것이라고《변론》에서 말하긴 했지.

        지금 저는 여러분에게서 죽음을 선고받고 떠나지만, 저들은 이미
        진리에 의해 사악하고 불의한 자라는 판결을 받았습니다. 저는 제
        게 내려진 판결을 받아들이고, 저들은 저들에게 내려진 판결을 받
        아들여야겠지요.*

캐순   결과적으로 봤을 때 소크라테스의 말이 100퍼센트 맞아
        떨어진 거지. 그때 그들이 소크라테스를 얼토당토 않는 죄
        목으로 기소했고 악한 판결을 내렸다며 질책하는 소리가
        2,400여 년이 지난 지금도 끊이질 않잖아. 이보다 더한 악
        담을 받는 사람들도 없지 않니?

범식   로마의 총독 빌라도†만 빼고! 빌라도가 예수를 십자가형에

---

*   이양호 지음, 같은 책, 193쪽.

†   제5대 유대 총독으로, 기원후 26년부터 36년까지 그 자리에 있었다. 예수의 처형 문제
    때, 처음엔 예수를 석방해 주려 했으나 예수를 십자가에 매달라는 유대인들의 압력에 굴
    복해 예수의 처형을 허락했다.

처하라고 판결했던 일을, 일요일마다 전 세계의 모든 교회에서 떠올리며 "본디오 빌라도에게 고난을 받으사……." 하며 외고 있지. 그만큼은 아니라도 그때 아테네의 재판관들도 줄곧 사람들의 입방아에 오르긴 하지.

뭉술 그때나 지금이나 '악한 판결'이 문제구만!

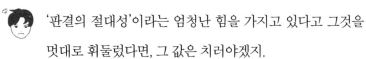 '판결의 절대성'이라는 엄청난 힘을 가지고 있다고 그것을 멋대로 휘둘렀다면, 그 값은 치러야겠지.

뭉술 누가 그들을 심판할 수 있는데?

범식 나는 그들이 이미 심판을 받았다고 생각해. '성인을 죽인 아테네인들'이라고 웬만한 사람이면 다 말하잖아?

'역사의 심판'이라고 해야겠지. 재판관은 역사의 법정에 서야 한다는 사실, 통쾌한데?

범식 그렇긴 하지만, 재판 받는 순간에 억울하게 당하는 고통 역시 무시할 순 없어. 악한 판결을 막는 방법이 없을까?

뭉술 그러니까 재판관을 아무나 하게 해선 안 되고, 시험을 치러 뽑는 거잖아.

범식 하지만 법을 공부해서 시험 점수가 높다고 제대로 판결할 수 있을까?

캐순 야옹샘, 소크라테스와 플라톤은 이런 문제에 대해 대안을 밝혔나요?

야옹샘 《법률》에서 플라톤은 법관은 공부도 하고 또 시험도 치러야 한다고 생각했어요. 단, 종이 위에 답을 쓰는 시험이 아니라 실제 그 사람의 행위와 평소 마음 씀씀이가 어떠한지를 살펴서 그가 법관 자격이 있는지 없는지를 살펴야 한다고 했죠.

 어떤 점을 살펴보는 거죠?

야옹샘 '지혜(소피아)'를 아주아주 사랑해서, 돈이나 명성 따위엔 아랑곳하지 않는 사람인가 아닌가를 살폈어요.

캐순 그런 사람이 어떻게 만들어지죠? 누구나 돈이 필요하고 명성을 원하잖아요.

야옹샘 그에 대해 응답한 게 《국가·정체》란 책이에요. 우선, 지도 그룹에 속할 수 있는 사람은 여자 남자를 가리지 않아요.

캐순 그 당시에 플라톤이 여자도 통치자나 통치자 그룹이 될 수 있다고 했다고요?

 옙! 가난뱅이어도 상관없고요.

뭉술 그러면 뭘 가지고 통치 그룹을 결정하죠?

야옹샘 돈이나 명성보다, 지혜가 월등히 좋다는 걸 깨우친 사람이냐 아니냐가 그 잣대예요.

 왜 꼭 지혜인데요?

야옹샘 돈과 명성은 개인적이지만, 지혜는 공적公的이고 보편적이기 때문이에요. 사적인 것에 매인 사람이 어떻게 공적인 일을 할 수 있겠어요? 돈과 명성은 나누면 줄어들지만, 지혜는 나눈다고 해서 줄어드는 게 아니에요. 그러니 지혜에 온통 마음이 가 있는 사람이라면 사적이고 계급적인 이익을 위해 법을 만들지도, 판결하지도 않을 거라는 거죠.

뭉술 돈은 순전히 사적인 것이지만, 명성은 어느 정도는 공적이라고 할 수 있지 않나? 공적인 일을 잘 했을 때 명성을 얻는 거니까.

캐순 그렇게 생각할 수도 있기는 해. 하지만 명성을 얻는 게 목적이라면, 그 순간 인기 있는 일만 할 수도 있어. 명성이란 다른 말로 '인기'라고 할 수 있으니까.

범식 보편적이고 공적인 것은 단순한 인기를 넘어서 있는 것이라고 해야겠지.

 약간 다르긴 하지만, 공자*와 그의 제자인 자장†이 나눈 말이 이 경우를 이해하는 데 도움이 될 것 같네요.

---

* 기원전 551~479년까지 살았던 사상가이자 교육자로, 동양 사상의 할아버지라 해도 지나친 말은 아니다. 유가 사상과 법가 사상의 선조이다.

† 자장은 미천한 출신이고 범죄까지 저지른 전력이 있지만, 공자를 만나 훌륭한 인물이 되었다.

자장이 물었다. "어떨 때 통달했다고 할 수 있습니까?"

공자가 말했다. "그대가 말하는 통달이라는 게 뭐지?"

자장이 응답했다. "나라에도 명성이 나고, 문중에도 명성이 나는 것입니다."

공자가 말했다. "그것은 소문이 난 것이지, 통달이 아니네. 통달이란 바탕이 곧아 올바름을 좋아하고, 다른 사람의 말과 얼굴빛을 잘 살피고, 염려하며 사람을 부리는 사람, 그런 사람에게 쓸 수 있는 말이야. 그럴 때 나랏일에도 통달하고 문중 일에도 통달했다고 할 수 있는 거네. 명성이 나기만을 바라는 사람은 얼굴빛은 어진 듯하나 실제 행실은 어질지 못하고, 그러면서도 자기 자신을 반성할 줄 모르지. 나라에도 명성이 나고 가문에서도 명성이 나는 사람일 수밖에! 하지만 그뿐이네."

범식   명성을 원해서 명성이 난 것은 사적인 욕심이라고 할 수 있지만, 결과적으로 명성이 난 것은 공적이라고 하는 게 맞다고 생각해.

캐순   그래, 이 문제는 사람마다 생각이 다를 수 있으니 이쯤하고, 다시 "지혜(소피아)를 너무도 사랑해서, 돈이나 명성 따위엔 아랑곳하지 않는 사람"이 어떻게 생겨날 수 있는가에 집중하자.

오키~ 그래야 올바른 재판관이 생겨날 수 있을 테니까.

범식 　나는 뾰쪽한 방법은 없다고 생각해. 그런 사람을 길러내기 위한 여러 시도가 있고, 또 계속 그렇게 하다보면 어느 정도 탐스런 열매를 맺기는 하겠지만.

캐순 　나도 절대적인 효과를 내는 도깨비 방망이는 없다는 것에 동의해. 하지만 보다 나은 방법을 찾는 것조차 포기하는 건 문제라고 생각해.

뭉술 　음…… 그렇담 이건 너무 어려운 문제니까 각자 시간을 두고 헤아리기로 하고, 일단 '간식 타임'을 갖는 거 어때?

 아, 점심 먹은 지 얼마 안 됐잖아! 이제 소크라테스와 그의 연인인 아테네 법이 나누는 대화에 귀를 기울이자.

나라 법 다른 사람들의 비난을 피하기 위해, 그대는 좋은 법이 있는 나라와 고상한 사람들을 회피할 것인가? 이러고서도 그대는 살 가치가 있다고 생각하는가? 아니면 그대는 그런 사람들에게 다가가서 말을 나눌 정도로 뻔뻔한가? 대체 그들과 무슨 말을 할 텐가, 소크라테스? 이곳에서 늘 그랬듯이, 미덕과 정의 그리고 제도와 나라 법보다 더 값진 것은 없다고 말할 텐가? 소크라테스의 꼴새가 도대체 말이 아니구먼 하는 생각이 들지 않는가? 틀림없이 그런 생각이 들 걸세.

작정하고 몰아붙이는 게 꼭 남친에게 실연당한 여자 같은데?

캐순 아테네 법의 입장에선, 실연당한 여자 정도에 빗댈 바가 아니지! 소박맞은 조강지처지. 애를 셋이나 낳고 지금껏 함께 산 아내를 자기 살자고 죽이는 꼴이잖아?

뭉술 훌륭한 나라 법을 갖춘 나라에서 살기 힘들다면, 법에 의한 통치가 이루어지지 않는 독재국가 같은 곳으로 갈 수밖에 없는 건가?

범식 좋은 나라 중에 판결의 효력을 부정하고 탈옥한 사람을 반길 나라는 없겠지.

캐순 요즘은 '정치적 난민 제도'가 있어서 참으로 부당하게 법적인 불이익을 받은 사람의 경우 좋은 나라에서 받아주는 경우도 있어.

 그땐 소크라테스를 받아줄 나라가 없었을까?

범식 소크라테스의 진리를 향한 열정이 웬만해야 말이지.

캐순 하기야, 어느 나라 지도부가 자기들의 무지가 까발려지는 것을 견딜 수 있겠어?

뭉술 진리에 따라 산다는 게 그렇게 외로운 일인가?

캐순 외로워도 그것이 사람의 길이라면 가야겠지!

나라 법 아니면 그대는 그런 나라들이 아니라, 크리톤의 친구들을 찾아 테살리아로 갈 것인가? 무질서와 방종이 극심한 나라로? 그곳에서 그대는 그대가 탈옥할 때 얼마나 우스운 꼴이었는가를 그들에게 들려줄 텐가? 양치기의 차림을 했다거나, 변장하고 도망가는 사람들이 다 그렇듯이 우스꽝스러운 꼴새로 탈옥했다는 이야기를 들려주면 사람들이 듣고 좋아하기는 할 걸세. 하지만 생각해보게. 그대의 이야기를 듣고서, 살날도 얼마 남지 않은 노인네가 가장 신성한 법을 어기면서까지 탐욕스럽게 삶에 집착한다고 말하는 사람이 정말 아무도 없을까? 그대가 누구도 화나게 하지 않는다면, 그럴 수도 있겠지.

하지만 그대가 누구라도 화나게 한다면, 오 소크라테스! 그대는 치욕스런 말을 많이도 듣게 될 걸세. 그대는 모든 사람들에게 굽실굽실 종노릇하며 목숨을 이어나가겠지. 그런데 그곳 테살리아에서 그대가 할 수 있는 게 뭔가? 마치 진수성찬을 대접받기 위해 이곳을 떠나기라도 한 것처럼 먹고 마시는 것이 아니라면, 그대가 거기서 할 수 있는 게 도대체 뭔가? 이런 상황에서 그대가 견지했던 '올바름'과 그 밖의 '사람으로서의 훌륭함'은 어떻게 되겠는가?

 테살리아가 왜 나왔지?

범식   앞에서 크리톤이 자기 친구들이 그곳에 있으니, 소크라테
       스가 탈옥해서 그곳으로 가겠다고 하기만 하면 그곳 친구
       들에게 말을 넣어 놓겠다고 했잖아.

뭉술   꿈속에서 아름다운 여인이 "오오, 소크라테스! 그대는 셋
       째 날, 기름진 프티아에 이르게 될 것이오."라고 했는데, 프
       티아가 테살리아에 있는 조그만 나라라고 했잖아.

범식   그 둘은 같은 곳이기도 하고 아니기도 해. 꿈속에서 말한
       곳은 아킬레우스의 고향, 즉 죽음의 세계를 뜻한 반면, 크
       리톤의 친구가 있는 곳은 현실 세계 속의 장소를 뜻하는
       거니까.

캐순   그런데 현실 세계 속의 그곳에선 소크라테스가 할 만한 게
       아무것도 없다는 게 문제지. 거기에서 그가 할 수 있는 게
       딱 하나 있기는 하지, 실컷 먹고 마시는 것!

       현대인들은 그런 삶을 엄청 원하잖아. 실컷 먹고 마실 수
       있는 곳? 나쁘지만도 않을 것 같은데?

캐순   에휴, 그래~ 먹는 걱정은 없겠지. 하지만 그런 삶에는 '살
       아가는 뜻'이 없어서 금세 싫증이 나고 허무해질 수 있어.
       현대인들이 대부분 그러잖아?

뭉술   '삶의 뜻'이라? 그게 정말 피자 한 판, 치킨 한 마리보다 중
       요한가?

148

나 원 참…… 뭉술이 넌 먹는 거 말고는 할 말이 없냐? 이제, 크리톤이 소크라테스를 설득하며 논거로 들었던 것을 소크라테스가 다 논박한 건가?

범식   아니, 자식에 대한 게 아직 남아 있어.

탈옥은 자식들의 양육과 교육에 도움이 안 되네

나라 법 혹시 아이들 때문에라도 살아야겠다고 마음먹고 있는가? 그들을 직접 기르고 가르치기 위해? 어째서 그렇지? 테살리아로 그들을 데려가 거기서 기르고 교육할 것인가? 그리고 그들을 이방인으로 만들어 그들이 그것에 감사해 하도록 할 참인가? 그게 아니라면 그대가 그대의 자식들과 같이 있지 않더라도, 그대가 살아만 있으면 애들이 더 잘 양육되고 교육될 수 있다는 생각인가?

그대의 친구들이 그대의 애들을 돌봐줄 거라고 말할 텐가? 그렇다면, 그대의 친구들은 그대가 테살리아로 가면 애들을 돌봐주지만, 그대가 저승으로 가면 돌봐주지 않는단 말인가? 그대의 친구라고 자처하는 사람들이 조금이라도 쓸모 있는 인간이라면, 그대의 자식들을 돌봐줄 것이라고 그대는 믿어야 하네.

범식   아버지인 소크라테스가 살아 있는 게 자식들에겐 아무런 도움이 안 된다는 소리가 틀린 소리 같지 않은데?

뭉술   도움이 되기는커녕 '탈옥자의 자식'이라는 비난을 받게 되겠지.

캐순   약간 맥락이 다르기는 하지만, 월북한 사람들의 자식들이 남쪽에서 오랫동안 웅크리고 살 수밖에 없었고 실제로 차별을 받으며 살았던 것만 봐도 알 수 있지.

 월북한 사람만이 아니라, 납북된 사람의 가족까지도 피해를 받으며 살았지.

캐순   지금은 탈북한 사람이 그렇고.

뭉술   쩝…… 난 월북자, 납북자, 탈북자의 차이를 잘 모르겠다. 어쨌든 이 나라도 상처가 깊고 광범위하구나.

범식   '월북자'는 '북한으로 넘어간 자', '납북자'는 '북한으로 납치된 사람', '탈북자'는 '북한으로부터 탈출한 사람'을 뜻해. 아무튼 소크라테스가 당당히 사약을 마시는 게 그의 자식들에게 그나마 나은 길이라는 건 확실해.

뭉술   탈옥한다면, 좋은 일은 하나도 생기지 않는단 말이지? 그런데도 탈옥을 한다면 그건 바보지.

 '캐묻는 삶'을 살아야 하는 까닭을 소크라테스가 실제로 보여준 셈인데, 이건.

범식   탈옥의 이익을 소크라테스가 하나 들기는 했어. 낯설고 맘
           에 들지 않는 곳, 즉 테살리아에서 흥청망청 마시며 죽음을
           기다리는 것 하나가 있다고 했던 것, 잊어버렸니?

뭉술   흥청망청 마시다 죽는 것…… 어떤 사람은 그걸 정말로 이
           익이라고 여기겠지.

나라 법 그러니 소크라테스여, 그대를 길러준 우리의 말대로 하
게. 자식도, 목숨도, 그 밖의 그 어떤 것도 정의보다 더 높다고
여기지 말게나!

뭉술   결국 '올바름'만이 모든 행동의 잣대가 되어야 한다는 소
           리군.

범식   얼핏 생각하면 편법대로 사는 게 좋은 것 같지만, 잘 생각
           해보면 올바름을 따를 때 가장 좋다는 거지.

캐순   그런데도 사람들은 왜 죽음 앞에만 서면 올바르지 않더라
           도 살 수 있는 길을 택하는 걸까?

뭉술   죽음에 대한 두려움 때문이겠지.

캐순   소크라테스는 죽음에 대한 두려움을 어떻게 이겨냈지?

범식   《소크라테스는 한번도 죽지 않았다》에서 소크라테스가 죽
           음에 대한 일반 사람들의 태도를 비판한 걸 확인했잖아.

"죽음에 대해 우리가 알 수 있는 건 하나도 없는데, 알지도 못하는 것을 두려워한다. 이거야말로 가장 큰 무지無知다."

뭉술 그렇긴 하지만, 죽음을 두려워하지 않기는 말처럼 쉽지 않잖아!

 뭉술이 말이 맞아요. 소크라테스도 그런 경지에 쉽게 이르진 않았어요. 《파이돈》에서 그는 "철학하는 사람들은 실은 죽는 것을 수련하고 있다"라고도 했고, "철학은 참으로 가벼운 마음으로 죽는 것을 수련하는 것"이라고도 했죠. 일생을 사는 내내 그는 죽음의 공포와 맞섰을 거예요. 그 결과 마침내 그것을 이겨냈겠죠.

캐순 그런데 죽음의 공포를 이기는 게 그렇게 중요한가요?

야옹샘 캐순이가 중요한 질문을 했네요. 곰곰이 따져보면, '죽음에의 두려움'이 우리 행동의 많은 부분을 지배하고 있다는 게 드러날 거예요. 기독교에서도 사도 바울이 '죽음이 우리를 독침으로 협박한다'는 식으로 말하기도 했어요. 불교에서도 '죽지 않으려고 발버둥치다 삶을 번뇌 속으로 몰아넣는데, 사실 죽음이란 연쇄 과정의 한 고리에 지나지 않거나 아무 것도 아닌 그저 이름뿐'이라고 했지요.

범식 우리가 죽음에 대한 판단 없이 어떤 것을 결정한다면, 그렇지 않고서 결정했을 때와는 꽤 다를 거라는 생각이 들기는 하네.

맞아. 우리를 자유인으로 있지 못하게 하는 가장 큰 장애물은 죽음에 대한 공포일 거라는 생각이 든다. 광복운동을 했던 분들, 5·18 광주에서 도청을 사수했던 분들은 죽음의 공포를 이겨낸 걸까?

범식 이겨냈다기보다는 하루하루 공포를 마주하고, 또 이겨나가는 삶을 살지 않았을까? 1970년대 민주화운동에 삶 전체를 바쳤고, 그러다 감옥살이에 지독한 병이 생겨 정신병원에 여러 차례 입원했고, 그 여파로 정신적인 혼란을 겪어 우리를 슬프게 했던 김지하 시인. 그분이 감옥에서 남긴 시 〈초파일 밤〉이 그런 삶을 잘 보여주는 것 같아. 하루하루를 어렵게 겨우 이겨나가는 모습이 생생히 느껴지거든.

뭉술 난 처음 듣는 시인데…… 그럼 범식이 네가 한 번 읊어 봐!

범식 나도 외우지는 못해. 유종호 교수님이 쓴 《시 읽기의 방법》(삶과 꿈, 2005)이라는 책에서 〈초파일 밤〉에 대한 '시 읽기'를 하셨는데, 한 부분만 읽어볼게. "꽃 같네요/꽃밭 같네요 (생략) 살아 못 간다면 살아 못 간다면/황천길에만은 꽃구경 할 수 있을까요 (생략) 벽돌담 너머는 사월 초파일/인왕산 밤 연등, 연등, 연등/오색영롱한 꽃밭을 두고/돌아섭니다./쇠창살 등에 지고/침침한 감방 향해 돌아섭니다."

캐순 쇠창살 너머로 바라본 사월 초파일 밤의 연등이 머릿속에

그려진다. 〈초파일 밤〉 시 전체를 찾아서 읽어 봐야겠다.

뭉술   뭉클하네~! 나도 함 읽어봐야지.

이승에서도 저승에서도 좋지 않을 것이네

나라 법 이 모든 것이, 그대가 저승에 갔을 때 그곳을 다스리는 자들 앞에서 그대를 변호해 줄 걸세. 그대가 지금 꾀하고 있는 일은 이승에 있는 그대에게도, 그대와 가까운 그 누구에게도 더 좋아 보이지도, 더 옳아 보이지도, 더 신성하게 보이지도 않네.

그것은 또한 저승에 갈 그대에게도 좋을 게 없네.

범식 탈옥하면 살아서도 죽어서도 좋을 게 없다! 정말 그런가?

범식 소크라테스 그 자신에겐 '사는 것 같지 않은 삶', 비굴한 삶만이 주어지는데, 그런 삶을 조금 더 지속시키려고 그의 친구들이 치러야 할 값은 너무도 혹독하니까.

캐순 소크라테스 자신은 '죽을 죄를 지은 적이 없다'고 철저히 믿고 있는데도 감옥에 가만히 앉아 있다 죽어야 한단 말이야 그럼? 도대체 뭐가 잘못 되었지? 아, 화난다!

나라 법 하지만 그대가 지금 이승을 떠난다면 그대는 우리들 법으로부터가 아니라, 사람에 의해 불의를 겪은 희생자로 떠나게 되네.

뭉술 악법이 아니라 '악판(악한 판사)'이 문제라는 거구만.

범식 그러게! 그가 죽게 된 탓을 소크라테스 자신이, 악법이 아니라 '악판'에게 돌리고 있는데, 왜 많은 사람들은 지금껏 이걸 눈여겨보지 않았지?

소크라테스나 플라톤의 철학에 따른다면, 악법이란 말은 논리적으로 모순이에요. 《법률》에서 플라톤은 "법은 지성

(nous)이 낳은 자식"(714a)이라 했거든요. 지성이 악법을 낳을 수는 없는 거잖아요? 물론 현실적으로는 악법이 존재하겠죠. 하지만 어떤 법이 악법이라고 밝혀지고 인정되는 순간, 그것은 이미 법이 아닌 거지요. 지성이 낳은 게 아닌 거니까요. 따라서 그것은 악법으로 밝혀지기 전까지만 법으로 행세할 수 있어요. 많은 사람들에게 악법으로 여겨지는 순간 바로 효력을 정지하고 폐기처분하는 게 법의 정의에 맞는 거겠죠.

캐순   그런 점에서 '악법'이란 말은 언어 모순이라는 거죠?

야옹샘   네, 맞아요. 소크라테스, 플라톤과 같은 시대를 살았던 그리스 최고의 비극작가인 소포클레스*도 《오이디푸스 왕》†에서 코로스의 입을 빌려 최고의 법은 신이 낳은 것이라 했어요. "저 높은 곳을 거니는 법도는 태어나자마자 밝고 높은 하늘에 가득 차고, 올림포스‡만이 그의 아버지"(865~867)라고 했거든요.

---

*   기원전 496년에서 406년까지 살았다. 123편의 비극을 썼지만 현재 남아 있는 것은 7편뿐이다. 페리클레스와 더불어 10인의 군 지휘관에 뽑혀 전쟁에서 군을 지휘하기도 했다.

†   오이디푸스가 자신에게 내려진, 이 세상에서 가장 비참한 신탁을 어떻게 마주하는가를 볼 수 있는 작품이다. 《안티고네》와 더불어 최고의 비극으로 꼽힌다.

‡   그리스에서 가장 높은 산으로, 그리스 신화에서 신들이 사는 산으로 여겨진다.

캐순   법이 어떤 상태에 있을 때, 법은 정말로 '지성이 낳은 자식이구나'라는 느낌을 팍팍 받을 수 있을까요?

야옹샘 플라톤의 다음 말이 그것을 충분히 알려줄 거예요. "나라 전체의 공동의 이익을 위해 제정되지 않은 것들은 바른 법률도 아니고 (……) 법률이 일부 사람들만을 위한 것일 경우, 이런 법을 제정한 사람들을 우리는 '도당(불순한 사람의 무리)'이라 말하지 '시민'이라 말하지 않는다." "법 제정을 한다는 것은 신을 모방하는 것, 곧 본받는 것이다."*

 지성이 곧 신이라는 말인가?

야옹샘 뭉술이 말이 맞아요. '지성은 신의 속성이고, 지성에 참여할 때 우리는 신을 닮게 된다'는 게 그리스 철인들의 생각이었어요.

범식   예수님도 "진리가 너희를 자유케 하리라"고 했잖아요.

야옹샘 범식이 말이 맞아요. 그리스 사상에 큰 영향을 받은 〈요한복음〉에 그 말이 있는데, 거기선 예수님을 로고스, 즉 '이성의 화신'이라고 말하고 있다고 앞에서 여러분께 말씀드린 것 기억하죠?

 옙!

---

* 플라톤 지음, 박종현 옮김, 《법률》(서광사), 4권 715b.

캐순 〈요한복음〉의 말을 따른다면 '악법'이란 말은 '악한 예수' 란 말이 되겠네.

 악한 예수라니~ 말도 안 돼! 언어 모순 맞네.

캐순 그럼 현실적으로 있는 악법은 뭘까?

범식 법이 아닌데 법 행세를 하고 있는 거겠지. 예수님의 성품이 라곤 눈곱만큼도 없으면서 크리스천 행세를 하고 있는 사 람들처럼!

나라 법 그러나 그대가 불의를 불의로, 악행을 악행으로 갚는 부끄러운 짓을 하고 이 나라를 떠난다면, 그래서 우리와 맺었던 합의와 계약을 망가뜨린다면 어찌 되겠는가? 그대는 그대가 해 쳐서는 결코 안 될 그대 자신, 그대의 친구들, 그리고 조국과 이 나라 법을 해치게 될 걸세. 그렇게 한다면, 그대가 살아 있는 동 안에는 우리가 그대에게 분노를 터뜨릴 것이고, 그대가 저승에 가면 그때는 우리의 형제들인 '저승의 법'이 그대를 아니꼽게 바라볼 걸세. 그대가 우리를 몰락시키려고 했다는 것을 그들 도 알 것이기 때문일세. 그러니 그대는 크리톤의 말에 넘어가 지 말고, 우리가 말하는 대로 하게나.

 저승에도 법이 있다는 소리네?

범식 저승이 있는지 없는지는 모르겠지만, 있다면 그곳도 죽은 (?) 사람들이 함께 살아야 하는 곳이니까 법이 있을 수밖에 없겠지.

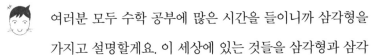 그곳의 법도 소크라테스의 탈옥을 달갑게 여기지 않을 거라는 걸 어떻게 알 수 있지?

범식 이승법이 되었건 저승법이 되었건, 법은 '본질적으로' 같은 원리에 의해서 생겨난 거니까! 저승을 다스리는 신도 올림 푸스 신 중 하나인 '하데스*'잖아.

캐순 모든 법이 같은 원리에 의해 태어났다는 게 말이 되니? 나라마다 법이 다르잖아.

야옹샘 당연히 현상적으로는 그렇죠. 하지만 본질적인 의미에서라면 법은 '하나의 이념'에서 나왔다고 할 수 있어요. 한 부모에게서 난 여러 자식 같다고나 할까요? 플라톤의 용어로 말한다면 '법으로서의 이데아'가 있고, 이 세상의 법들은 다 그것의 반영이라는 거죠.

뭉술 야옹샘, 조금 더 설명해 주세요.

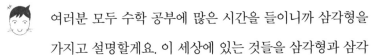 여러분 모두 수학 공부에 많은 시간을 들이니까 삼각형을 가지고 설명할게요. 이 세상에 있는 것들을 삼각형과 삼각

---

* 그리스 신화에 나오는 죽음과 지하세계의 신으로, 크로노스의 아들이자 제우스의 형제이다.

형이 아닌 것으로 나눌 수 있어요. 그렇다고 이 세상의 모든 삼각형이 다 똑같은 건 아니죠. 우선 크기가 다 다르고 그린 솜씨가 다 달라요. 그럼에도 우린 삼각형인 것과 삼각형이 아닌 것을 구별할 수 있어요. '세 직선에 의한 세 내각의 합이 180°인가'만 확인하면 되니까요.

범식 그것을 일일이 재보지 않고도 알 수 있긴 하죠.

야옹샘 그래요. 하지만 사실은 재보지 않을 때만 삼각형은 이 세상에 있어요. 일일이 재보면 이 세상에 삼각형은 하나도 없다는 것을 알 수 있을 거예요

  녜???

야옹샘 '세 직선에 의한, 세 내각의 합이 180°인 삼각형'을 실제로는 그릴 수 없어서 그래요. 우선 '직선'이라는 것을 그릴 수 없어요. 직선의 정의가 뭐죠?

범식 '두 점 사이의 가장 짧은 거리'요.

뭉술 갑자기 웬 수학 시간? 난 수학이라면 딱 질색인데…… 아이고 머리야.

야옹샘 그런 직선을 실제로 그려보세요. 아무리 자를 대고 직선을 잘 그어도 그건 '두 점 사이의 가장 짧은 거리'를 그은 게 아니에요. 지금 그은 그 선을 1만 배 확대해 보세요. 그러면 조금 전에 그었던 선보다 더 짧은 선을 수백 개는 더 그릴

수 있을 거예요.

캐순 그러면 그 중에서 가장 짧은 것을 고르면 되잖아요.

그 선을 이번에도 1만 배 확대해 보세요. 그러면 앞에서 일어났던 일이 똑같이 일어나겠죠? 결국 이 작업은 무한히 반복될 뿐 끝이 날 수가 없어요. 선을 '실제'로 그린다면, 넓이를 가질 수밖에 없는 선의 운명 때문이죠.

캐순 그럼 삼각형은 없는 건가요?

야옹샘 엄밀한 의미에서 말한다면, '현상적'으로는 삼각형은 없어요. 삼각형은 '이념적'으로만 있는 거죠.

샘, 그런데 이게 법이랑 무슨 관계죠?

야옹샘 앞에서, "본질적인 의미에서라면 법은 '하나의 이념'에서 나왔다. 마치 한 부모에게서 난 여러 자식처럼, '법으로서의 이데아'가 하나 있는데 이 세상의 법들은 다 그 하나를 반영해서 생겨난 것"이라고 말했지요.

범식 이념으로서의 삼각형이 있고, 그것의 반영으로서 수많은 현상적인 삼각형이 있는 것처럼 법도 그렇다는 건가요?

야옹샘 네, 범식이 말이 맞아요. 최소한 소크라테스와 플라톤에 따른다면 그렇다는 거죠. 악법은 언어모순이란 게 여기서도 밝혀졌네요. '선善'과 똑같이 생기지 않은 자식이 있어도 그를 선의 자식이라 할 수는 있겠지만, 아무리 그래도 '악惡'

을 빼닮은 것을 선의 자식이라 할 수는 없을 테니까요.

범식 저승법이 되었건 이승법이 되었건 법은 다 '하나의 이념'이 반영된 것이어서, 소크라테스의 탈옥을 저승의 법도 탐탁하지 않게 여길 거라는 소리가 그래서 나온 거구나!

캐순 이승에서만이 아니라 저승에서도 탈옥해서 좋을 일이 없다는 거네.

 올바르게 사는 게 결국은 이익이라는 거지.

범식이는 컴퓨터
게임 삼매경

05

소크라테스와
크리톤의 작별

신이 나를 이 길로 이끄시니…
여러분 안녕!

소크라테스 사랑하는 벗 크리톤, 잘 알아두게! 제의祭儀(제사의 의식)의 열광에 푹 빠진 사람들에게, 제의 때 부는 피리 소리가 귀에 쟁쟁한 것처럼, 내게도 그런 소리들이 들리네. 앞에서 했던 말이 내 안에서 윙윙거리며 가득 채우고 있어서 그 밖의 다른 말은 아무것도 들리지 않는단 말일세. 알고 있게. 지금 내 생각이 이러하니, 이런 나의 판단에 어긋나는 말은 전혀 소용이 없다네. 그런데도, 자네가 나를 설득할 말이 있다고 믿는다면 말해보게!

 아니, 소크라테스는 이렇게까지 말해놓고, 크리톤에게 할 말 있으면 해보라는 거야?

범식　대화 중반에 소크라테스가 크리톤에게 이렇게 말했잖아.

잘 보게나! 그리고 우리 함께 헤아려보세. 내가 말하는 도중이라도 반박할 게 떠오르면 반박하게. 그러면 나는 자네 말을 따르겠네. 그럴 수 없다면, 자네가 되풀이했던 주장, 즉 내가 아테네인들의 뜻을 거스르며 탈옥해야 한다는 소리는 이제 그만 거두게. 나를 설득하려는 자네의 시도를 높이 평가하지만, 내 자신이 더 옳다고 판단한 것을 거스르면서까지 자네에게 설득되지는 않을 걸세. 자, 잘 보고 자네 생각에 헤아림의 출발점이 제대로 놓여 있는지, 자네가 생각하는 대로 대답하게나!

캐순 그래도 그렇지, 이미 끝까지 파헤쳤잖아?
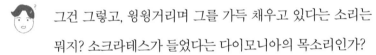 그건 그렇고, 윙윙거리며 그를 가득 채우고 있다는 소리는 뭐지? 소크라테스가 들었다는 다이모니아의 목소리인가?
범식 그렇겠지. 내면의 목소리!
캐순 무당처럼 귀신 소리를 들었던 건 아니겠지?

크리톤 아닐세, 소크라테스! 나는 할 말이 없네.
소크라테스 그럼, 크리톤! 그만두게. 신이 이 길로 이끄시니, 우리 이 길로 가세.

묑술   끝내, 사약을 받아 마시는군!

범식   소크라테스가 이 세상에서 마지막으로 한 말이 《파이돈》에

         나오는데 가슴을 정말 찡하게 했어.

    뭐라고 했는데?

범식   "오, 크리톤! 우리는 아스클레피오스*께 닭 한 마리를 빚지

         고 있다네. 갚아야 하네. 소홀히 하지 말게나!"

캐순   아, 그 말의 의미를 두고 말도 많은 그 말이 바로 소크라테

         스의 마지막 말이었구나.

---

*   아폴론의 아들로, 반은 사람이고 반은 말인 케이론에게서 의술을 배워 의술의 신이 되
    었다.

뭉술 뭔 말이야~ 그나저나 아스클레피오스가 누구지?

캐순 역사적인 실재 인물을 가리킨다는 견해도 있지만, 대체로 '의술의 신'을 가리킨다고들 해.

갑자기 뜬금없이 의술의 신은 왜 등장하는데?

범식 병에서 벗어나면 아스클레피오스 신에게 닭 한 마리를 바치는 관습이 있었대.

뭉술 소크라테스가 병을 앓았단 말이야?

범식 그도 사람이었으니까, 마음의 병을 앓을 수밖에 없었겠지!

캐순 그 자신이 치유 받았다는 확신을 아스클레피오스에게 닭 한 마리 '빚지고 있다'는 말로 표현한 건가?

범식 확신보다는 병을 치유할 '씨앗'을 갖게 되었다는 정도겠지. 소크라테스 자신이 인류의 병을 치유하다가 독배를 들게 되었으니, 이제 그 잔을 크리톤을 비롯한 벗들에게 넘긴다는 뜻이기도 할 것 같고.

뭉술 크리톤이 닭을 바치는 건 쉽지 않겠는데? 그러려면 그가 소크라테스처럼 살아야 하는 거잖아.

캐순 '깨우침은 벼락치듯 갑작스럽게' 찾아오니까 크리톤에게 그런 날이 오는 게 힘들다고만 할 수는 없겠지.

범식 알렉산더 엘리엇이라는 사람이 소크라테스의 사형을 극화

한 〈재판〉에서, 크리톤이 깨우침에 이를 거라는 암시를 주었어.

뭉술 어떻게?

 극에서 크리톤이 말했지. "자네는…… 자네는 이제 이 세상에 없구먼, 옛 친구여…… 자네는…… 자네는 우리를 위해 축배를 들었네." 그러자 크테시포스*도 따라 말했어. "소크라테스가 죽었다고? 아니요, 말하자면…… 그는 인류를 위해 축배를 든 것입니다."

 독배가 축배로 바뀌는 깨우침이 일어났구나!

뭉술 죄의 형틀인 십자가가 구원의 증거로 바뀌듯! 아멘~.

캐순 그런데 '소크라테스가 악법도 법이라고 했다'는 말은 마지막까지 안 나왔어. 도대체 어디서 그 말이 나와 독버섯처럼 퍼진 거지?

범식 그가 탈옥을 안 한 건 악법을 존중해서 그런 게 아닌 건 이제 확실해. 그렇다고 자신에게 내려진 판결에 동의한 것도 아니야. 다만 그는 잘못된 판결일지라도 존중해야 한다는 생각이었고, 그 생각을 지키기 위해 죽음을 받아들였을 뿐이야. 법이 가지는 절대성, 즉 판결에 따른 집행력을 무력

---

* 파이오니아 출신으로 소크라테스가 독배를 마시는 자리에 있었다.

독배를 마시는 소크라테스

아테네인의 무지함과 욕망이 만들어낸 제국주의와 그에 따른 패망은 희생양을 찾아
야 했다. 전쟁 기간 내내 아테네인을 붙들고 무지와 욕망에서 벗어나라고 성가실 정도
로 말을 쏟아냈던 소크라테스는 미움의 대상이었다. 그에게 독배가 주어졌다. 죽음 앞
에서 사람은 한 없이 작아진다. 소크라테스도 그랬을까? 당당히 치켜든 손, 곧은 등줄
기를 보라!

화시켜선 안 된다는 헤아림 때문이었지. 더구나 그가 생각한 아테네 법은 자기의 연인 같았어. 판결 내용이 맘에 안 든다고 하여 법의 집행력을 무력화시키면, '신神의 자식인 법'의 존재 기반이 사라지게 되니까. 탈옥을 안 한 것일 뿐인데, 도대체 어디서 그 말이 나왔을까?

캐순 　탈옥을 반대했다고 해서 그것이 '법은 무조건 따라야 한다'는 생각에서 나온 것이라는 주장은, 최소한 소크라테스의 헤아림은 아니라는 생각이 드네.

뭉술 　그럼 도대체 누가 그런 말을 퍼뜨렸을까?

 그런 말이 퍼졌을 때 이익을 보는 사람이겠지!

캐순 　맞아. 그렇다면 '소크라테스가 악법도 법이라고 했다'는 말이 퍼지면 누구에게 이익일까? 없는 말을 만들어내면서 굳이 위대한 사람의 말인 것처럼 포장하는 건, 자신에겐 그 말을 탄탄히 뒷받침할 능력은 없지만 그 말이 퍼졌을 때 그에게 큰 이익이 생길 때 흔히 써먹는 수법이잖아?

범식 　누군지는 모르겠지만 '꼼수'를 부렸다는 생각이 든다는 거지? 나꼼수*처럼 그 말의 꼼수를 찾은 분은 없나?

 그런 분들이 있어요.《소크라테스는 악법도 법이라고 말하

---

* 　정치 팟캐스트 〈나는 꼼수다〉의 줄인 말로, MBC 예능 프로그램인 〈나는 가수다〉의 이름을 패러디했다.

지 않았다》를 통해, 그 말의 실체를 파악해 들어가 한국에서 소크라테스가 뒤집어 쓴 누명을 명쾌하게 벗겨주었죠. 이 분들이 아니었으면 우리나라 학생들은 아직도 '소크라테스는 악법도 법이라고 말했다'는 식의 글이 들어 있는 교과서를 가지고 공부하고 있을 거예요.

범식   그 말이 교과서에도 실렸었단 말이에요?

야옹샘   '소크라테스는 악법도 법이라고 말했다'는 문장이 그대로 들어가지는 않았지만, 그런 의미의 글이 교과서에 실려 있었죠. 그래서 대부분의 어른들은 지금도 소크라테스가 그렇게 말한 것으로 알고 있어요. 그 때문에 어린 학생들도 알게 모르게 그 말에 오염되어 있고요.

 그런 말도 안 되는 소리를 교과서에 실은 사람은 도대체 누구죠?

야옹샘   그 점에 대해선 김주일[†] 교수님이 쓴 《소크라테스는 '악법도 법이다'라고 말하지 않았다. 그럼 누가?》에 잘 나와 있어요. 그 책 147쪽을 읽어볼게요.

---

[*] 강정인 교수가, 타계한 권창은 교수의 논문과 자신의 논문을 함께 묶어 고려대학교 출판부에서 2005년에 펴낸 책으로, 소크라테스의 이름을 빌린 '악법도 법'이라는 말의 실체를 파헤쳤다.

[†] 플라톤에 관한 논문들을 썼고, 《파르메니데스 철학에 대한 플라톤의 수용과 비판》으로 박사 학위를 받았다.

지금까지 확인한 바로는 오다카 도모오尾高朝雄가 '악법도 법이다'
란 경구를 국내에 최초로 소개하고, 이 경구를 처음으로 소크라테
스와 관련지은 사람으로 보인다. 게다가 그는 경성제대(서울대 전
신)의 법학부 교수로서 한국인 제자들을 많이 양성했고, 그의 제자
들이 해방 이후 한국 법학계의 중심인물들이 되었다. 특히 그 중 몇
몇 사람들은 오다카의 책을 편집하여 자신의 저서로 발표하는 과
정을 통해 오다카의 생각을 여과 없이 국내에 소개하기도 했다. 그
런데 오다카는 한국 내에서 일본의 한국 지배를 정당화하고 징병
에 찬성하는 논문을 발표한 '반민주적·식민주의적 사상'을 가진 인
물이라고 전해진다.

범식   그는 왜 그런 말을 했죠?

조선인에게 일본법은 악법이니까! 이럴 수가…… <u>으드득</u>
<u>으드득</u>!

야옹샘 뭉술이 말이 맞아요. 오다카 도모오가 쓴《(개정) 법철학》
에 그 사실이 나와 있어요. 김주일 교수님의 말을 계속 들
어보죠.

(그의 책에) '악법도 법'으로서 냉엄한 적용을 받아 질서유지를 위
한 강제효과의 필연성이 무엇보다도 중요시되어야 하는 것으로 되

어 있다. 그는 "실정법(조선을 일본의 식민지로 만든 일본법)의 정당
성을 절대의 전제로 한다면, 정의는 확고부동의 질서 그 자체다"라
는 말을 하고 있다. 또한 역시 같은 책에서 오다카는 '이와 동시에
그(소크라테스)는 나라의 실정법에 복종하는 것은 어떠한 경우에
도 따라야 할 시민의 의무라고 설파했다. 그리고 선량한 시민이 나
쁜 법에 복종하는 것은 나쁜 시민이 좋은 법을 배반하는 것을 방지
하기 위해서 필요하다고 생각해, 소크라테스는 탈주를 권하는 친
구의 간청을 도道를 위해 물리쳤다"라고 말했다. *

    '조선인은 실정법, 즉 조선을 식민지로 만든 일본법을 군소
    리 말고 따르라!' 딱, 이 소리네.

범식   《크리톤》을 어떻게 그렇게 읽을 수 있지? 우리가 읽은 것
    과 다른 판본이라도 읽은 건가.

캐순   그건 말도 안 되는 거고, 그렇다고 법을 전공한 사람이 '특
    정한 법'에 대한 존중과 '최종적인 판결'에 대한 존중을 구
    별하지 못할 사람은 아닐 테니까, 일부러 그 둘을 막 섞었
    다고 보는 게 맞겠지?

뭉술   그래야 일본법에 조선인이 순순히 복종할 테니까! 딱 보니

---

*   김주일 지음, 《소크라테스는 '악법도 법이다'라고 말하지 않았다. 그럼 누가?》(프로네시
    스, 2006), 146~147쪽.

까 소크라테스의 권위를 빌려 악법을 정당화한 거네.

캐순   이럴 수가……. 그런데 우리는 왜 말도 안 되는 그 소리를
      광복 이후에도 계속 외고 있었지?

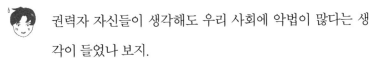
      권력자 자신들이 생각해도 우리 사회에 악법이 많다는 생
      각이 들었나 보지.

야옹샘 이제 시간도 다 되고 책도 다 읽었으니, 마지막으로 한 마
      디씩 하고 끝내도록 하죠. 뭉술이가 먼저 해 볼까요?

뭉술   네, 야옹샘. 책을 꼼꼼하게 읽고 함께 말을 해보니까, 그렇
      게 하지 않았을 땐 생각지도 못했던 것들이 떠오르는 게 신
      기했어요. 그리고 탈옥하는 게 이익일 거라는 일반적인 생
      각을 앞에 두고서도, 소크라테스가 끝까지 캐물어보는 게
      인상적이었어요.

      나도 캐묻는 게 왜 중요한지 구체적으로 알 수 있어서 좋았
      어. 만약 소크라테스가 캐묻지 않고, 보통 사람들이 생각하
      는 것처럼 '죽는 것보다 사는 게 더 좋은 것'이라는 생각에
      탈옥했다면, 지금 소크라테스의 이름이 어떤 식으로 전해
      졌을까? 그가 탈옥했다면, 플라톤에게 큰 감동을 주지 못
      했을 거라고 생각해. 그랬으면 플라톤이 그때까지의 삶을
      뒤집고 새로운 삶을 살지도 않았겠지. 플라톤의 훌륭한 책
      들도 없었을 테고, 소크라테스의 이름 같은 건 하나의 얘깃

거리에 지나지 않았겠지. "캐묻지 않는 삶은 살 가치가 없다"는 말을 소크라테스 자신이 멋지게 증명해 냈어!

범식 : 지난번에 함께 읽었던 《변론》과 이번에 읽은 《크리톤》을 놓고 봤을 때, 소크라테스가 했다는 '악법도 법이다'라는 말은 완전히 헛소문이라는 걸 확신하게 된 게 나에겐 무엇보다 큰 수확이야. 오히려 소크라테스가 두 책, 특히 《변론》에서 굳게 지켰던 태도는 '악법엔 저항하라'였어. 이런 사실이 널리 알려지는 게 필요하다고 생각해. 그래야 성인의 이름으로 악법을 정당화하려는 잘못된 태도도 없어지고, 소크라테스의 이름도 올바르게 자리매김할 테니까.

 그래요. 여러분이 하나하나 꼼꼼히 읽고 활발하게 자기 생각을 밝히는 모습이 참 보기 좋았어요. 이런 과정을 반복해서 밟다보면 자기도 모르게 꼼꼼히 읽고 깊이 헤아리는 것이 몸에 배게 될 거예요. 이런 방식으로 책을 읽는 게 쉬운 일은 아니지만 청소년기에 꼭 필요한 책읽기라고 생각해요. 고전이 고전으로서의 빛을 드러내는 길이라고 할 수 있겠죠. 잔잔한 기쁨이 마음 속 깊은 곳으로부터 번져 나올 거예요. 공부가 주는 기쁨은 바로 그런 것이랍니다. 컴퓨터 게임이나 아이스크림이 주는 기쁨과는 다르죠. 계속해서 '공부의 맛'을 제대로 느끼는 공부를 하길 바랍니닷!

나오는 글

'들어가는 글'에서 밝혔듯이, 굳이 소크라테스의 탈옥 문제를 다룬 《크리톤》을 치켜든 까닭은 재판관, 특히 헌법위원회나 대법관 같은 최종적인 판결권을 가진 재판관들의 자질 문제와 그들에게 권한을 부여하는 방식에 대해 머리를 맞대는 것이 지금 우리 사회에 꼭 필요하다고 여겨서이다.

또 다른 이유는 권창은 선생님 등의 노력으로 "'악법도 법이다'란 소릴 소크라테스가 하지 않았다"는 게 어느 정도 알려지긴 했지만, 아직도 우리 사회에 '소크라테스가 악법도 법이라고 말했다'는 얼토당토않은 말이 깊이 스며들어 있어, 그것이 이 땅의 사람들 특히 젊은 영혼들에게까지 몹쓸 영향을 미치고 있어서이다.

왜 그럴까? 얼토당토않은 그 말이 소크라테스의 말이 아니란 걸 들은 사람이 소수라는 문제도 있겠지만, 그것을 들은 사람들조차

도 그러면 악법에 대한 소크라테스의 태도는 어땠고, 악법도 법이어서가 아니라면 그는 왜 끝내 탈옥하지 않았는지에 대해선 잘 알고 있지 않다는 게 더 큰 원인이라고 생각한다. 소크라테스의 말을 듣는다면, 이 땅의 법과 재판관 그리고 한 사람으로 살아간다는 것의 의미에 대해 묻지 않을 도리가 없을 것이다.

판결이란 최종적인 것이다. 대법관, 헌법재판관의 판결은 특히 그러하다. 어떤 사람이 이 자리에 있느냐에 따라 그 나라 헌법의 운명이 결정된다. 이들이 사리사욕과 선입관에서 상당히 떨어져 있는 인간이 아니라면 아무리 좋은 헌법이라도 나쁘게 작동하기 쉽다. 소크라테스를 기소했던 법조항이 그 당시 관념에 비춰보았을 때 전혀 문제가 없었음에도, 그 법이 선입견과 증오심에서 벗어나지 못한 재판관들의 손에 놓이자, 그 좋던 법이 '성인聖人을 살해하는 도구'가 되었던 것이 단적인 예다.

어떤 인물이 대법관과 헌법재판관이 되어야 할까? 최소한 그가 '돈 모으는 재미로 산 인간'이어서는 안 된다. 돈을 추구하는 인간은 기업가가 되어야 하고, 명성을 추구하는 인간은 연예인이나 스포츠에 투신해야 한다. 그런 사람이 통치자 그룹에 있으면 그 나라는 약육강식이 판치는 곳이 되기 때문이다.

돈을 사랑하는 것과 지혜를 사랑하는 것은 양립하지 못한다. 이것은 소크라테스와 플라톤의 소리다. 재판관 특히 최종심의 재판관에게 필요한 덕목은 자기 선입관을 뒷받침할 수 있는 권력과 지식이 아니다. 돈에 대한 탐욕은 더욱 아니다. 인문의 깊이에서 우러나오는 지혜이고, 그에 따라 자연히 생기는 물질과 명성에 대한 초연함이다. 이 역시 소크라테스와 플라톤의 소리다.

예수님도 비슷한 소리를 했다. 돈을 사랑하는 것과 하느님을 사랑하는 것은 결코 한 사람 속에서 함께 일어날 수 있는 일이 아니라고 했다. 이 말을 부정하면 그는 입으로는 크리스천이어도 참으로는 적그리스도이다. 입으로는 진리와 사랑에 빠졌다고 말해도 참으로는 탐욕에 사로잡힌 자이다.

탐욕이 있는 곳에서 진리는 살해당한다. 소크라테스가 살해당했듯이, 그리고 십자가에서 예수가 살해당했듯이! 기득권 세력의 탐욕과 그들에게 놀아난 대중들을 두려워하는 악한 재판관에 의해 살해당한다.

《크리톤》원문[*]

1

소크라테스   이 시각에 무슨 일인가, 크리톤? 아직 이른 아침이 아닌가?

크리톤   분명 이른 시각이지.

소크라테스   몇 시쯤인가?

크리톤   동이 막 트려하네.

소크라테스   감옥지기가 자네의 청을 들어주었다니 놀랍구먼.

크리톤   이곳에 자주 오다 보니 그와 친해졌다네, 소크라테스. 내가 그에게 친절을 좀 베풀기도 했거든.

소크라테스   지금 막 온 건가? 아니면 온 지 꽤 된 건가?

크리톤   꽤 되었네.

---

* 《크리톤(고대 그리스어: Κρίτων)》은 플라톤의 대화편 중 하나로, 소크라테스의 부유한 친구 크리톤의 탈옥 권유에 대해 소크라테스가 정의와 법률의 관점에서 반박 논변을 펼치는 내용이 주를 이룬다. 독자들을 위해 번역문 전문을 부록으로 싣는다. 본문의 구성에 따라 크게 다섯 부분으로 나누어 실었다.(편집자)

소크라테스 곧장 깨우지 않고 왜 잠자코 앉아만 있었나?

크리톤 제우스에 맹세코 안 될 말일세, 소크라테스! 이런 불행 속에선 나라도 오래 깨어있고 싶지 않았을 걸세. 자네가 평온하게 자고 있는 모습을 보며 나는 감탄하고 있었다네. 자네가 겪을 고통을 가능한 줄이고 싶어 일부러 깨우지 않은 것도 있지만 말일세. 나는 늘 자네가 행복한 사람이라고 생각했지만, 이런 재앙을 자네처럼 간단하고 평온하게 견뎌내는 모습을 여태껏 어디에서도 본 적이 없네.

소크라테스 이만큼이나 나잇살을 먹고서도 죽음에 가까워지는 것에 안절부절 못해 한다면 꼴새 사나운 일 아닌가, 크리톤?

크리톤 하지만 소크라테스, 우리만큼 나이를 먹을 대로 먹은 사람들이 자네와 비슷한 불운을 당했을 때는 불운에 쩔쩔매네. 그 나이가 불운에 쩔쩔매는 것을 막아주지는 못하지.

소크라테스 그건 그렇지. 한데 자네는 뭣 때문에 이리 일찍 왔는가?

크리톤 슬픈 소식을 가지고 왔네, 소크라테스. 자네에게야 그렇지 않겠지만, 나를 포함해 자네를 친구로 여기는 모든 사람에게는 견디기 힘든 소식일세. 내가 견뎌야 할 가장 슬픈 소식이라네.

소크라테스 무슨 소식인데 그런가? 혹시 그 배가 델로스 섬에서 돌아온 건가? 돌아오면 내가 죽어야만 하는 그 배 말일세.

크리톤 아직은 아닐세. 하지만 수니온 곶(항구)에 도착한 배에서 내려 여기 도착한 사람들 말에 따르면, 그 배는 아마 오늘 이곳에 이를 것 같네. 그러니 내일이 자네가 살아 있을 마지막 날이 될 것 같아서 하는 말일세, 소크라테스!

소크라테스   어찌되든 크리톤, 행운이 우리와 함께하기를! 오늘 배가 도착
하는 것이 신들의 마음에 든다면, 그렇게 되길 바라야겠지. 하
지만 내 생각에, 그 배는 자네의 예상보다는 하루 더 있다가
도착할 걸세.

크리톤   그렇게 생각하는 까닭이라도 있는가?

소크라테스   내 말해 줌세. 배가 도착한 뒤, 그 다음날 내가 죽게 되어 있지
않은가?

크리톤   이 사건 담당자들이 그렇게 말하더군.

소크라테스   내 생각에 그 배는 지금 밝아오고 있는 이날이 아니라, 하루
더 지나서야 도착할 것 같네. 내가 간밤에, 아니 방금 꾼 꿈 때
문에 그렇게 생각하네. 자네가 여기에 오자마자 나를 깨우지
않길 잘 했네.

크리톤   무슨 꿈을 꾸었기에 그런가?

소크라테스   곱고도 아름다운 여인이 소복 차림으로 내 앞에 나타나더니만
나에게 말했네.

"오오, 소크라테스! 그대는 셋째 날, 기름진 프티아에 이르
게 될 것이오."

2

크리톤   참 묘한 꿈일세, 소크라테스!

소크라테스   아니, 꿈이 뜻하는 바는 아주 분명하네. 내 생각엔 그렇다네,

크리톤.

크리톤 그래, 아주 분명하겠지. 하지만 여보게, 친애하는 소크라테스! 지금이라도 내 말대로 해서 목숨을 구하게! 자네가 죽으면 내가 겪어야 할 불행이 한두 가지가 아니란 말일세. 두 번 다시는 소중한 내 친구를 만나지 못한다는 게 다가 아니네! 자네와 나를 잘 모르는 사람들은 내가 돈을 썼더라면 자네를 구할 수 있었을 텐데 그러지 않았다고 입방정을 떨 걸세. 친구 목숨보다 돈을 더 귀하게 여긴다는 소문이 퍼지는 것보다 더 부끄러운 일이 있겠는가? 우리가 자네를 빼내려 무던히도 애를 썼지만, 도망치는 걸 자네가 원하지 않았다는 사실을 웬만한 사람들은 믿지 않을 걸세.

소크라테스 그렇지만 크리톤, 우리가 대중이 내리는 평판에 그토록 신경 써야 할 이유가 뭔가? 우리가 더 존중해야 할 사람, 즉 분별력이 빼어난 사람들은 실제로 일어난 그대로를 믿을 걸세.

크리톤 하지만 소크라테스, 자네도 알다시피 우리는 대중 속에서 흘러나오는 평판에도 신경을 쓰지 않으면 안 되네. 지금 이 일만 해도 그렇지 않은가? 어떤 사람이 대중에게 밉보이면, 대중은 그에게 살짝 해코지하는 것으로 끝내지 않을 수도 있네. 그들이 할 수 있는 최대의 해악을 끼칠 수 있단 말일세. 지금 자네가 처한 상황이 그것을 보여주지 않는가?

소크라테스 크리톤, 나는 대중이 정말로 못된 짓을 할 능력이 있었으면 좋겠네. 그러면 그들이 정말로 선한 일도 할 수 있을 테니까 말일세. 그럴 수만 있다면 참으로 좋은 일이지! 실상 그들은 어느 쪽도 할 수 없다네. 그들은 필연적인 방식으로는 사람을 지혜롭게도 어리석게도 만들 능력이 없거든. 그들이 하는 것은 그저 우연의 결과물일 뿐이라네.

크리톤 대중이 끼칠 수 있는 해악에 대해선 그렇다고 해두세. 하지만 다음에 대해선 어떻게 생각하는지 말해주게, 소크라테스. 혹시 자네는 나나 다른 친구들을 걱정하고 있는 것은 아닌가? 자네가 탈옥하면 자네를 빼돌렸다고 해서, 나를 비롯한 자네의 친구들이 밀고자들에게 괴롭힘을 당할 거라고 걱정하고 있는 건 아니냔 말일세. 우리가 전 재산을 뺏기거나 거액의 벌금을 문다거나, 아니면 또 다른 벌을 받게 될 것이라 생각하는 게 아닌가? 그런 것이라면 걱정 말게. 우리는 자네를 구할 수 있다면 그런 위험을, 아니 그보다 더한 것이라도 감당하는 게 옳다고 여기니까 말일세. 자, 내가 시키는 대로 하게. 거절해선 안 되네!

소크라테스 그것도 걱정거리 가운데 하나이긴 하네. 하지만 그것만 걱정이 되는 게 아닐세, 크리톤.

크리톤 염려 말게. 적은 돈만 찔러주어도 자네를 빼내줄 사람들이 여럿 있으니까. 그리고 밀고자들은 큰 값을 요구하지 않는다네. 조금의 돈만으로도 그들과 거래를 성사시킬 수 있을 걸세. 자네를 위해 내가 돈을 대겠네. 내가 가진 돈이면 넉넉할 걸세. 내가 혼자 비용을 대는 게 걱정이 되어 꺼림칙한가? 그것 때문이라면 자네를 위해 돈을 대겠다는 이방인들이 있네. 그런 사람들 중 하나인 테베 사람 심미아스는 실제로 이 목적에 사용하려고 거금을 가져왔다네. 그 외에도 케베스를 포함해 자네를 탈출시키기 위해 돈을 내놓을 준비가 되어 있는 사람은 여럿이 있네. 그러니 그런 것이 걱정되어 자네 자신을 구하는 걸 망설이는 일일랑은 하지 말게나!

또한 자네가 법정에서 했던 말, 즉 이 나라를 떠나면 어떻게 지내야 할지 몰라 꺼려진다고 했던 그 말에도 신경 쓰지 말게. 자네가 어디를 가든 사람들이 자네를 반길 테니까. 만약 자네가 테살리아로 가길 원한다면 그렇게 하게. 그곳에는 자네를 존중하며 보호해 줄 내 친구들이 살고 있으니, 테살리아인 누구도 자네를 해코지하지 못할 걸세. 게다가 소크라테스, 자기 목숨을 구할 수 있는데도 자포자기해 스스로 목숨을 저버리는 게 옳은 일은 아닐 걸세. 자네도 그렇게 여기지 않을 거라고 생각하네. 자네를 파괴하려고 서두르는 적들의 의도에 맞춰 스스로를 내주는 셈이니까 말일세.

더구나, 자네가 생각하는 것은 자네 자식들을 저버리는 일인 듯하네. 자네에게는 자네 자식들을 양육하고 교육시킬 능력이 있네. 그런데도 애들을 버리고 그들 곁을 떠나겠다니 하는 말일세. 그 애들이 그들의 운명을 잘 치러낼 것이라고 자네는 여기겠지. 하지만 그들은 십중팔구 부모 없는 고아들이 마주치곤 하는 그런 운명에 맞닥뜨리게 될 걸세. 자녀를 양육하고 교육시키는 짐을 끝까지 지지 않으려거든, 애초에 자식을 세상으로 데려와선 안 되네! 이치가 그렇거늘, 자네는 내가 보기에 쉽지만 무책임한 길을 택하는 것 같네. 하지만 자네야말로, 자네가 평생 마음을 쏟은 것은 미덕이었다고 주장하는 사람이 아닌가? 그러니 자네는 훌륭하고 용감한 사람이 갈 길을 골라잡아야만 하네.

사실 나는 자네를 위해서도 그렇거니와, 자네와 벗 사이인 우리들을 위해서도 자네가 겪게 된 이 사건을 부끄러워하네. 자네에게 일어난 이 모든 일이 사실은 우리, 즉 자네의 벗이라고 하는 사람들의 용기가 부족해서 일어난 것이라고 사람들이 탓할 수 있기에 하는 말일세. 재판이 열리게 한 것부터 글러먹었다고 할 걸세. 여하튼 틀어막지 않고 내버려 둔 재판이 그 모양으로 되게 놔둔 것은 또 어떻다고 하겠는가? 게다가 더할 나위 없이 멍청한 그 판결이, 친구인 우리의 게으름과 비겁 때문에 생긴 것으로 보이는 건 말할 필요도 없을 걸세. 자네를 살릴 수 있었는데 우리가 기회를 놓쳤다고 여겨지지 않겠느냔 말일세.

우리나 자네나 조금이라도 제 구실을 했다면 충분히 자네를 구할 수 있었는데, 우리도 자네도 그러지 않았다고 여겨질 수 있기에 하는 말일세. 꼭 명심하게 소크라테스, 이 일은 자네와 우리에게 해로운 일이기도 하지만 창피스런 일이기도 하다는 걸! 자, 마음을 굳히게나. 아니, 마음을 이미 굳게 먹은 상태여야 하네. 숙고할 시간은 이미 지났네. 다가오는 밤에 모든 걸 끝내야 하니까 말일세. 여기서 더 머뭇거리면 이미 때는 늦네. 더는 어찌해볼 길이 없어진단 말일세. 그러니 소크라테스, 어쨌든 내 말대로 하게. 꼭 그렇게 해야 하네!

3

소크라테스 여보게 크리톤, 자네의 열의가 옳은 데서 나왔다면 당연히 그렇게 하는 것이 백번 옳은 일이겠지. 하지만 그렇지 않다면 말일세, 자네의 열의가 뜨거우면 뜨거울수록 그 뜨거움만큼 더 문제가 커진다는 걸 자네는 정녕 모르지 않을 걸세. 그러니 자네의 말에 따라야 할지 말아야 할지 우리는 캐물어봐야 하네.

나는 늘 곰곰이 따져본 뒤, 나에게 가장 훌륭하다고 생각되는 원리(logos)에 따라 행동해 왔네. 내가 그것 외에는 그 어떤 것도 따르지 않는 사람이라는 걸 자네도 잘 알고 있지 않나 말일세. 이런 운명이 주어졌다고 해서, 내가 늘 따랐던 원리를 팽개칠 수는 없네. 내가 지금까지 받들고 높이 여겨온 원리를 지금도 존중하기 때문이네.

그러니 알아두게! 우리가 지금 이 시점에서 더 나은 원리를 들 수 없다면 나는 결코 자네 뜻에 따르지 않겠네. 아이들을 도깨비로 겁주는 것처럼, 설사 대중이 우리를 투옥과 처형과 재산몰수로 협박해도 말일세.

그러니 이 문제를 어떻게 헤아리면 가장 적절하겠는가? 먼저 다수의 의견(평판)을 존중해야 한다는 자네의 주장으로 되돌아가 보세. 의견엔 우리가 눈길을 주고 받들어야 할 것도 있지만, 그래서는 안 되는 것도 있다고 우리는 말해왔지. 그런 우리의 주장이 내가 사형선고를 받기 전까지는 항상 옳았지만, 지금 보니 그 말은 실상 주장을 위한 주장에 지나지 않은 것으로 드러났는가? 그 주장은 말장난과 허튼소리였던 것으로 드러났느냔 말일세.

나는 자네와 함께 이 점에 대해 헤아려보고 싶네. 지금 내가 이런 상황에 놓인 것 때문에 그 주장이 내게 이전과 달리 보이는지, 아니면 똑같이 보이는지 말일세. 그래야, 우리가 그 원리를 버려야 할지 아니면 여전히 따라야 할지 분명해지지 않겠는가. '뜻 깊은 말을 한다'고 생각되는 사람들은 늘 말했다네. "사람들의 의견 중 어떤 것은 높이 치되, 어떤 것은 그래서는 안 된다"고 말이야. 나도 이 말에 전적으로 동의하네, 크리톤. 그런데 자네에게 이것이 옳다고 여겨지지 않는단 말인가?

사람들의 의견을 판단하는 것에 대해 내가 자네에게 물은 까닭이 있네. 뜻밖의 일이 일어나지 않는다면 자네는 내일 죽지 않네. 그러니 자네의 주변상황 때문에 자네가 이 일에 대해 잘못 판단할 일은 없을 거라고 믿기에 자네에게 물은 걸세. 그러니 말해주게! 누가 되었건 그 사람의 모든 의견을 존중할 것이 아니라, 어떤 의견은 존중하되 어떤 의견은 존중하지 말아야 하네. 그렇지 않은가? 또한 모든 사람들의 의견을 존중할 것이 아니라, 어떤 사람들의 의견은 존중하되 다른 사람들의

의견은 존중하지 말아야 하네. 그렇지 않은가? 이런 내 주장이
옳은가, 아니면 그른가? 자네에겐 어떻게 여겨지는가?

크리톤 옳고 말고.

소크라테스 자네 말대로 내 주장이 옳다면 좋은 의견은 높이 치되 나쁜 의
견은 그래선 안 되겠지?

크리톤 그렇고 말고.

소크라테스 현명한 사람들의 의견은 좋은 의견이고, 어리석은 사람들의
의견은 나쁜 의견이겠지?

크리톤 왜 안 그렇겠나.

소크라테스 그럼, 다음과 같은 것은 어떤가? 운동을 업으로 하는 사람이
모든 사람의 칭찬이나 나무람, 또는 모든 사람의 의견에 마음
을 써야 하는가? 아니면 의사나 단 한 사람, 즉 트레이너의 의
견에 마음을 써야 하는가?

크리톤 단 한 사람의 칭찬과 나무람, 그리고 그의 의견에 마음을 쓰는
게 맞겠지.

소크라테스 그렇다면 그 사람의 나무람은 두려워하고 칭찬은 좋아하되,
대중의 나무람과 칭찬엔 두려워하지도 좋아하지도 말아야
겠지?

크리톤 자네 말이 맞네.

소크라테스 그렇다면 그는 전문 지식이 있는 트레이너가 좋다고 여기는
판단에 딱 들어맞게 행동하고 훈련하고, 먹고 마셔야 하네. 다
른 모든 사람이 좋다고 여기는 방식에 따르기보다는 말일세.

크리톤 그렇겠지.

소크라테스 만약 그 한 사람의 의견과 칭찬은 팽개치고, 아무런 전문 지식
도 없는 대중의 의견을 높이 쳐 따를 경우, 그러고서도 탈이
나는 일이 없을까?

크리톤 어찌 안 그렇겠나.

소크라테스 그 탈이란 게 뭘까? 그리고 그 탈은 어디에, 그러니까 전문가
의 의견을 따르지 않는 자의 어느 부분에다 영향을 끼친다고
생각하는가?

크리톤 당연히 그의 몸에 영향을 끼치겠지. 그의 몸이 탈 날 테니까.

소크라테스 맞네. 그렇다면 크리톤, 이런 추론이 다른 모든 문제에도 적용
되지 않겠나? 모든 경우를 일일이 따져볼 필요도 없이 말일세.
특히 지금 우리가 심사숙고 중에 있는 문제, 즉 정의와 불의,
미와 추, 선과 악의 문제와 관련해서 우리는 대중의 의견을 따
르고 두려워해야 하는가, 아니면 전문지식이 있는 한 사람의
의견을 따르고 두려워해야 하는가? 이런 것들에 관해 전문적
인 지식을 갖춘 사람이 있다면 말일세.

그런 경우라면 우리는 세상의 다른 모든 사람에 대해서보
다 그를 더 높이치고 두려워해야 하지 않겠나? 만약 우리가 그
를 따르지 않게 되면 어찌 되겠는가? 정의에 의해선 더 좋아지
고 불의에 의해선 망가지게 마련이라고 여겨졌던 바로 그것,
즉 '우리의 그 부분'을 망쳐 우리 자신이 몰락하게 되지 않을
까? 아니면 그런 부분이 없다고 생각하나?

크리톤   나야 그런 부분이 있다고 여기지, 소크라테스!

소크라테스 그렇다면 이건 어떤가? 전문 지식이 없는 사람들의 의견을 따
       르다가, 어떤 것을 탈나게 했다면, 즉 건강하게 하는 것에 의해
       선 좋아지고 질병을 일으키는 것에 의해선 탈이 나는 그것을
       망가뜨렸다면, 우리는 살맛이 날까? 한데, 그것은 다름 아닌
       '몸'이 그렇게 망가지게 되는 걸세. 그렇지 않은가?

크리톤   그렇지.

소크라테스 몸이 완전히 망가져 비참하게 되었는데도, 살맛이 날까?

크리톤   살맛이 전혀 안 나겠지.

소크라테스 그렇다면 불의에 의해선 탈이 나고 정의에 의해선 좋아지는
       그 부분이 아작난 상태인데도, 우리의 삶은 살 만한 가치가 있
       다고 생각하는가? 만약 그렇게 여기는 사람이 있다면 그는, 아
       작난 곳, 즉 정의와 불의에 관련된 우리의 그 부분이 우리의
       신체보다 하찮다고 생각해서 그럴 걸세. 정말 그 곳이 신체보
       다 더 하찮은가?

크리톤   전혀 그렇지 않네.

소크라테스 정의와 불의에 관련된 그곳이 신체보다 소중한가?

크리톤   훨씬 더 중요하네.

소크라테스 그러니 친구, 대중이 우리를 두고 뭐라 말하든 그것에 결코 마
       음 쓰지 말게. 우리는 오직 한 사람, 즉 정의와 불의에 관한 전
       문가에게 귀를 기울이고, 진실 그 자체가 말하는 것에 귀를 기
       울여야 하네. 따라서 좋은 것, 올바른 것, 그리고 아름다운 것

에 관해 대중의 의견을 따라야 한다고 했던 자네의 말은 잘못된 것 같네. 또한 그것들과 반대되는 것들—좋지 못한 것, 바르지 못한 것, 그리고 추한 것에 대해 대중의 의견을 따라야 한다는 생각 역시 틀린 걸세. 그러면 이제 남은 건 "하지만 대중은 우리를 사형시킬 권력이 있어"라고 말할 사람도 있겠지.

크리톤   분명히 그런 권력이 대중에게 있네. 누구라도 그렇게 말할 걸세, 소크라테스.

소크라테스   그건 사실일세. 그렇지만 친구, 그럼에도 우리가 조금 전에 꼬치꼬치 캐물은 뒤 내렸던 결론은 여전히 굳건하네. 그럼 이것도 한번 살펴봐주게나. 참으로 중요한 것은 '사는 것이 아니라 잘 사는 것이다.' 이 말이 지금도 여전히 굳건한가?

크리톤   그 말도 여전히 굳건하네.

소크라테스   '잘 사는 것은 아름답고 올바르게 사는 것이다.' 이 말도 여전히 믿을 만한가?

크리톤   여부가 있겠는가.

소크라테스   방금 전, 어떤 것이 잘 사는 것인지에 대해 우리가 동의한 그 의견을 바탕으로, 이제 우리는 내가 탈옥하는 게 옳은지 그른지 헤아려봐야 하네. 그것이 옳은 것으로 드러나면 우리는 탈옥을 감행해야겠지만, 그렇지 않으면 그만둬야 하네.

오, 크리톤! 자네가 내세웠던 돈과 명성과 자녀의 양육 때문에 탈옥해야 한다는 제안은, 사실 대중이나 생각해볼 일일세. 아무런 합리성도 없이 사람을 죽음으로 내몰았다가, 또 똑같이 아무런 합리성도 없이 사람을 되살려놓는 그런 사람들 말이네.

논의가 여기까지 진행됐으니 따져봐야 할 문제는 오직 하나일세. 나를 감옥에서 빼내 도망가게 해주는 자들에게 돈을 지불하고 고마워하면서 탈옥하는 게 옳은지, 아니면 이 모든 일이 올바르지 못한 짓이 아닌지 캐물어보는 것 말일세. 만일 후자로 판명된다면, 우리가 여기 있다가는 죽음이나 다른 좋지 않은 일들을 당할 거라는 생각을 먼저 해서는 안 되네. 진정, 우리가 '올바르지 못한 짓을 저질러도 되는가 하는 문제'보다 먼저 생각해야 할 정도로 중요한 문제는 없으니까 말일세.

크리톤 훌륭한 말이네, 소크라테스. 하지만 생각해보게나, 우리가 뭘 해야 하는가?

소크라테스 잘 보게나! 우리 함께 헤아려보세. 내가 말하는 중이라도 반박할 게 떠오르면 반박하게. 그러면 나는 자네 말을 따르겠네. 그럴 수 없다면, 자네가 되풀이했던 주장, 즉 내가 아테네인들의 뜻을 거스르며 탈옥해야 한다는 소리는 이제 그만 거두게. 나를 설득하려는 자네의 시도를 높이 평가하지만, 내 자신이 더 옳다고 판단한 것을 거스르면서까지 자네에게 설득되지는 않을 걸세. 자, 잘 보고 헤아림의 출발점이 제대로 놓여 있는지 자네 생각대로 대답하게나!

크리톤 그래보겠네.

소크라테스 어떤 식이든, 고의로 불의한 짓을 저질러서는 안 되는 것인가,

아니면 때로는 불의한 짓을 저질러도 되지만 다른 때는 그러면 안 되는가? 전에 우리가 여러 번 맞장구를 쳤듯이 '어쨌든 불의한 짓을 저지르는 것은 좋은 일도 훌륭한 일도 아니다'라는 것에는 동의하는가? 동의하지 않는다면, 전에 우리가 맞장구쳤던 말들이 요 며칠 새 완전히 사라져버린 셈인데, 그런 것인가? 오, 크리톤! 우리는 오랫동안 서로 진지하게 토론했건만, 이 나이에 결국 우리가 어린애들보다 나을 게 전혀 없다는 것으로 밝혀진 셈이란 말인가?

아니면 모든 것이 우리가 맞장구치던 그때 그대로인가? 대중의 의견과 관계없이, 또 우리에게 지금보다 더 어려운 일이 닥치건 닥치지 않건 간에, 불의한 짓은 어떤 경우에도 나쁘고 부끄러운 짓이라는 것 말일세. 다른 누구에게가 아니라, 불의한 짓을 저지른 자기 자신에게 말일세. 이것이 우리의 주장인가 아닌가?

크리톤   우리의 주장일세.

소크라테스 그렇다면 어떤 상황에서도 불의한 짓거리를 해서는 안 되겠지?

크리톤   그렇다마다.

소크라테스 그렇다면, 불의한 짓을 당했다고 해서 불의한 짓으로 그것을 되갚는 것 또한 할 짓이 아니네. 비록 이런 생각은 대중이 믿고 있는 생각과는 반대지만 말일세. 어떤 경우에도 불의한 짓을 해서는 안 되니까 하는 소릴세.

크리톤   안 되지.

소크라테스 그러면 이건 어떤가? 크리톤, 우리는 누구에게 해를 끼쳐도 되는가? 그래선 안 되는가?

크리톤 안 되네, 소크라테스!

소크라테스 이건 또 어떤가? 대중이 믿고 있듯이, 해를 입었으면 그것을 되갚아주는 게 옳은가? 아니면 그래선 안 되는가?

크리톤 결코 안 될 말일세.

소크라테스 그 까닭은, 사람들을 해코지하는 것은 불의한 짓을 저지르는 것과 다르지 않기 때문일 거네.

크리톤 참으로 그렇네.

소크라테스 해를 입었다고 되갚아주는 것이 옳지 않다면, 되갚아준답시고 올바르지 못한 짓을 해서도 안 되고, 남에게 해를 입혀서도 안 되네. 그러니 크리톤, 자네는 자네 신념과 어긋나게 말하고 있지는 않는지 잘 살펴야 하네. 대부분의 사람들은 내 말에 동의하지 않기 때문, 아니 절대 동의하지 않을 것이기 때문이네. 그뿐이 아닐세. 내 말을 받아들이는 사람들과 받아들이지 않는 사람들은 함께 논의를 진행할 수 없네. 어느 쪽이 되었건 서로의 주장에 대해 서로 경멸하기 때문일세. 그러니 잘 헤아린 다음 말해주게.

올바르지 못한 짓을 저지르는 것도, 앙갚음을 한답시고 해코지하는 것도, 복수를 통해 자기를 지키는 것도 결코 옳지 못하다는 팻말. 이 팻말을 우리 논의의 출발점에 세울 수 있겠는지 잘 생각해보게. 아니라면 자네는 이에 동의하지 않기에 이 출발점에 서지 않을 수도 있네, 그럴 텐가?

　　나야 늘 그렇게 생각했고 지금도 마찬가지네. 하지만 크리톤, 자네 생각이 그것을 받아들일 수 없다면 내게 그 까닭을 일러주어 나를 깨우쳐주게. 만약 자네가 이전에 우리가 맞장구쳤던 말에 여전히 동의한다면, 그 다음 단계로 넘어가세.

크리톤　그 말에 여전히 동의하네. 계속 말하게. 자네와 생각이 같으이.

소크라테스　어떤 경우에도 올바르지 못한 짓을 해서는 안 된다는 내 말에 여전히 동의한다면, 다음으로 넘어가세. 아니, 묻겠네. 누군가에게 약속을 했는데, 그것이 올바른 것일 경우 그것을 지켜야만 하는가 아니면 그 약속을 저버려도 괜찮은가?

크리톤　지켜야만 하네.

소크라테스　정말로 그렇다면, 잘 살펴보게. 우리가 이 나라를 상대로 설득하지 않고 여기서 도망간다면, 우리는 해쳐서는 안 될 사람들을 해치게 되네, 그렇지 않겠는가? 하나 더 묻겠네. 정당하게 했던 그 약속들을 계속 붙들고 있어야 하는가, 아니면 저버려도 되는가?

크리톤　나는 자네의 물음이 잘 이해되지 않네, 소크라테스.

4

소크라테스　그렇다면 이렇게 생각해보게. 우리가 여기서 도망가려고 할 때, 그 행위를 뭐라고 명명하든, 나라 법과 나라 공동체가 우리 앞을 막고 서서 다음과 같이 따진다고 생각해보게. "소크라테스여, 말하게나. 그대는 지금 무엇을 하고 있는가? 그대의 이 행동을 통해, 그대는 우리 둘, 즉 나라 법과 나라를 파괴하려고 온 힘을 쓰고 있는 것 아닌가? 아니라고 할 텐가? 설마 그대는 한 나라의 법정에서 선고된 판결이 아무 효력도 갖지 못하고 개인들에 의해 내쳐지고 짓밟혀지는데도, 그런 나라가 엎어지지 않고 계속 서있을 거라고 생각하는 건 아니겠지?"

이런 물음이나 그 비슷한 물음에 우리는 뭐라고 대답해야 하겠나, 크리톤! 일단 판결이 내려진 것은 효력을 갖도록 법은 규정하고 있네. 그런데 이 법이 무너진 것을 두고서 어떤 사람들, 특히 웅변가들은 이런저런 말들을 만들어 낼 것이네. 그러면 우리는 그들에게 다음처럼 대답할 것인가? "그렇소. 나라가 올바르지 못한 판결을 함으로써 우리에게 불의한 짓을 저질렀기 때문이오." 이렇게 말할 텐가, 아니면 다르게 말할 텐가?

크리톤   바로 그 말이네, 소크라테스, 제우스에 맹세코.

소크라테스   그럼 나라 법이 다음과 같이 말한다면 뭐라 말할 텐가? "오 소크라테스! 그것이 우리가 합의했던 사항이란 말인가? 아니면 나라가 내리는 판결에 그대로 따르기로 한 게 우리의 합의인가?" 이렇게 나라 법이 하는 말을 듣게 되면 나는 그저 깜짝 놀라겠지.

그러면 이들은 아마도 다음과 같이 덧붙일 것이네. "놀라지 말고 내가 하는 말에 대답하게, 소크라테스. 그대는 묻고 답하는 것에 익숙하지 않은가. 잘 보게나, 나라 법과 나라가 그대에게 무슨 잘못을 저질렀기에 그대는 우리를 파괴하려 하는가?"

"무엇보다도 우리는 그대를 낳아주었네. 우리를 통해, 그대의 아버지는 그대의 어머니와 결혼하고 그대를 낳았기에 하는 말일세. 그러니 말해보게, 그대가 보기에 결혼에 관한 법률에 비판할 점이 있는가?"

나는 "그런 거 없습니다"라고 말할 것이네.

"그게 아니라면 그대도 받았던 교육과 아이들 양육에 관한 법률이 그대 맘에 안 드는가? 그대에게 음악과 체육을 교육시키도록 그대 아버지에게 지시한 교육법이 그대 맘에 들지 않았느냔 말일세."

"충분히 맘에 들었는데요?"라고 나는 대답할 것이네.

"그대는 이곳에서 태어나 자라고 교육받았네. 그런데도 그대가 우리의 자녀이자 노예가 아니라고 말할 수 있는가? 그대의 부모들이 우리의 자녀이자 노예였는데도! 사실이 이러한데도, 그대는 그대의 권리와 우리의 권리가 대등하다고 여기는가? 우리가 그대에게 무슨 짓을 하면 그대도 우리에게 그것을 되돌려줄 권리가 있다고 여기는가? 그대는 그대의 아버지, 또는 주인과 같은 권리를 가진다고 생각하는가? 그들이 그대를 때리고 욕을 퍼붓고 다른 무슨 나쁜 짓을 하면 그대가 그들에게 그것을 되갚아줄 권리가 있다고 생각하는가? 우리가 그대를 파멸시키는 것이 옳다고 생각하고 그렇게 하려 할 때, 그대도 그대 자신이 속해 있는 나라를 파괴시킬 권리가 있다고 생각하는가? 그렇게 하는 것이 올바른 행동이라고 그대는 주장하는가? 그것이 올바름에 전념한다는 사람이 할 소리인가?

신들과 지각 있는 사람들 사이에선, 그대의 어머니나 아버지나 그 밖의 다른 선조보다도 그대의 조국이 더 소중하고 더 존경스럽고 더 신성하며 더 높이 평가받는다는 것도 그대는 모른단 말인가? 그러고도 지혜로운 자인가? 또한 나라 법이 분노하면 그대 아버지가 분노할 때보다 더 두려운 마음으로 더 공손하게 달래야 한다는 사실을 모르는가? 그대 앞에 놓인 길은 설득하거나, 설득되지 않으면 복종하는 길밖에 없다는 것도 모르는가? 만약 나라 법이 우리에게 시련을 겪게 하면, 그것이 무엇이든 조용히 겪어야 한다는 것을 모른단 말인가? 나라 법이 그대에게 벌을 내려 때리든 투옥하든 그대는 거기에 따라야 하네.

그리고 우리가 그대를 전쟁터로 이끌어 부상이나 죽음으로 몰아넣어도 그대는 거기에 따라야 하네. 피하거나 도망치거나 벗어나선 안 되네. 전쟁터, 법정, 그 밖의 어떤 곳에서도 그대는 나라와 조국의 명령을 이행해야 하네. 그것이 싫다면, 진정 옳은 게 무엇인지 설득해야 하네. 어머니나 아버지를 폭행하는 건 불경한 짓이라는 걸 자네도 인정하겠지? 조국을 폭행하는 것은 그보다 훨씬 더 불경한 짓이지 않나?"

나라 법이 이렇게 말하면, 뭐라 말할 텐가? 크리톤! 나라 법이 진실을 말하고 있다고 할 텐가? 아니라고 할 텐가?

크리톤 진실인 듯하이.

소크라테스 나라 법은 계속 말을 잇겠지.

　"오, 소크라테스! 생각해보게. 우리가 한 말이 진실이라고 인정하는가? 그렇다면 그대는 지금 우리에게 불의를 저지르려 꾸미고 있는 것이네. 우리는 그대를 태어나게 했고, 길렀고, 교육했네. 그리고 우리는 우리의 재력이 닿는 한 자네와 모든 시민에게 좋은 것을 나누어주었네. 그렇게 해주고도 우리는 모든 아테네인이 자기결정권을 갖는다고 이렇게 선포했네. '성인이 된 뒤, 나라가 되어가는 꼴과 우리들 나라 법을 보고나서 우리가 마음에 들지 않는 사람은 자기 재산을 챙겨서 그가 원하는 곳 어디로든 갈 수 있다'고. 그 뿐인가! 우리와 이 나라가 마음에 들지 않으면, 우리의 식민지 중 한 곳으로 이주하거나 다른 나라로 망명하는 것을 허용했네. 물론 그가 원하는 곳 어디든, 자신의 소유물을 다 가지고 갈 수 있지. 어떤 법률도 그것을 금지하거나 방해하지 않네. 그러나 우리의 사법 체계와 나라가 운영되는 꼴을 본 뒤에도 이곳에 머물러 있는 사람이라면, 그는 우리가 명령하는 대로 할 것이라고 우리와 사실상 합의한 것이라고 봐야 하네. 그럼에도 복종하지 않는 자는 삼중으로 불의한 자일세.

　첫째, 우리(아테네 법)가 그를 낳아주었는데도 우리에게 복종하지 않은 점이고, 다음은 우리가 그를 길러주었는데도 우리에게 복종하지 않은 점이네. 마지막으로 복종하겠다고 합의해 놓고선 복종하지도 않으면서, 그렇다고 우리가 옳지 않다는 것을 설득하지도 않은 점이 그것일세. 우리가 시키면 반드시 따라야만 한다고 우리는 다그치지 않네. 우리를 설득하는 것과 우리를 따르는 것 중에서 하나를 자유롭게 고르라고 하네. 그런데 그 중 어느 것도 하지 않으면서 복종도 하지 않는 사람이 있다면, 그는 불의한 자가 아닌가? 소크라테스, 자네가 지금 꾀하고 있는 것을 감행한다면, 그대는 이런 비난을 고스란히 받을 것이네. 아테네인들 중 그 누구보다도 그대가 비난을 가장 많이 받게 될 걸세."

"왜 그런데요?"라고 내가 물으면, 나라 법은 틀림없이 나를 꾸짖으며 다음처럼 말할 걸세.

"소크라테스, 우리를 따르겠다고 그대만큼 또렷하게 우리와 합의한 아테네인들은 많지 않았네."

왜 그런고 하면, 그들(아네테 법)이 다음처럼 말할 걸세.

"소크라테스, 우리(아네테 법)에겐 우리와 이 나라가 그대 마음에 들었다는 증거가 확실히 있기 때문일세. 우리가 그대 마음에 들지 않았다면, 그대는 이곳에 붙박이처럼 시종일관 머물러 있지는 않았을 걸세. 여느 아테네인과 비교할 수 없을 정도로 그대는 여기에 붙어 있지 않았나? 그대는 축제를 보러, 이스트모스에 딱 한 번 간 것 빼고는 이 나라를 나간 적도 없네. 그밖에는 군복무 때문에 외국에 갔을 때뿐이네. 다른 사람들처럼 외국여행을 한 적도 그대는 없네. 그뿐인가? 그대는 다른 나라도 다른 나라의 법도 알고 싶어 하지 않았네. 우리(아테 법)와 이 나라에 만족했으니까. 그처럼 그대는 열렬히 우리를 택했네. 우리를 따라 시민으로서 활동하기로 합의한 거지. 특히나, 그대는 이 나라에서 자식들을 낳았네. 이 나라가 그대 마음에 들었기 때문이 아니면 또 무엇이겠나!

이런 것들이 아니더라도, 그대는 재판받을 때 추방형을 제의할 수도 있었네. 그랬더라면 지금 그대가 이 나라의 뜻을 거스르면서까지 감행하려는 바로 그것을, 그때는 나라의 인정을 받으며 행할 수 있었네. 하지만 그때 그대는 뽐내며 말했지. 죽는 한이 있어도 한 줄기의 화조차 뿜어내지 않을 거라고. 그러곤 그댄 택했네, 추방이 아니라 죽음을. 이제 그대는 그때 그대가 한 말을 부끄러워하지도 않으면서, 우리들 나라 법을 무시하고 또 우리를 파멸시키려 하고 있잖은가! 이곳 시민으로 살기로 우리와 약속해 놓고서, 그대는 지금 그 모든 계약과 약속을 저버리고 도망가려 하고 있네. 이는 미천한 노예나 할 짓이라고 생각되지 않는가? 대답하게! 그대가 우리 나라 법을 따라 시민으로 살기로 한 것은 실제 행동으로 그렇게 하기로 합의한 것이지, 말로만 그러기로 한 것이 아니지 않는가. 내 말이 그른가, 아니면 옳은가?"

이렇게 나라 법이 나에게 말한다면 나는, 그리고 자네는 뭐라 대답해야 하겠는가? 크리톤, 고개를 끄덕일 수밖에 없겠지?

크리톤   자네 말이 맞네, 소크라테스!

소크라테스   그러면 나라 법은 말하겠지.

"지금 그대는 우리와 했던 계약과 약속을 어기려 하고 있네. 그런데 그 계약은 강제로 합의한 것도, 기만당해서 합의한 것도, 그렇다고 금방 결정하도록 그대가 궁지에 몰려서 합의한 것도 아닐세. 자그마치 그대는 70년이나 되는 긴 시간 동안 숙고했네. 우리가 그대 마음에 들지 않거나 우리 사이에 맺은 계약이 불공정하다고 생각되었다면, 그동안 그대는 언제라도 이 나라를 떠날 수 있었기에 하는 말일세. 하지만 그대는 스파르타도 크레테도 고르지 않았네. 이 두 나라는 훌륭한 나라 법을 갖추고 있다고 그대가 늘 말했던 나라인데도 말일세. 또한, 그대는 다른 그리스 나라가 되었건 그리스 외의 나라가 되었건 골라잡지 않았지. 그대는 그 어떤 절름발이, 장님 그리고 다른 종류의 장애인이 여행 가느라 이곳을 떠난 것보다 더 여기를 떠난 적이 없네. 그처럼 이 나라는 그대 마음에 들었던 게지. 이 점에서 여느 아테네인도 자네엔 미칠 수 없네. 우리들, 즉 이 나라의 법 역시 그대 마음에 쏙 들었던 게 틀림없네. 실상, 누가 법이 없는 나라를 마음에 들어 하겠는가? 이러한데도, 그대는 우리 사이에 있었던 합의를 지키지 않을 텐가?

오, 소크라테스! 우리가 한 말을 따르고 합의를 지키게. 그러면 그대는, 이 나라를 떠나는 짓 따위를 하여 스스로를 우습

게 만드는 일도 없을 것이네. 생각해보게, 소크라테스! 그대가 이런 합의사항을 어기고 우리에게 상처 입힌다고 해서, 그대와 그대 친구들에게 무슨 좋은 일이라도 일어날 것 같은가? 그대의 친구들은 틀림없이 이 나라에서 추방당하거나 재산을 잃게 될 걸세. 그대 자신에게도 안 좋기는 마찬가질세. 그대가 이웃나라인 테베나 메가라로 간다면, 그대는 그 나라의 정치체제를 흔들 사람, 즉 적으로 간 것이기 때문일세. 그 나라는 훌륭한 나라 법을 갖추고 있는데, 애국자라면 누구나 그대를 그 나라의 법을 망칠 자로 보지 않겠는가 말일세. 그대는 또한 그대를 사형에 처한 재판관들에게 그들의 판결이 옳았다는 확신을 갖게 할 것이네. 나라 법을 망친 자는, 젊은이들과 지각없는 사람들을 망치는 자로 여겨지는 게 당연하지 않겠는가 말일세. 다른 사람들의 비난을 피하기 위해, 그대는 좋은 법이 있는 나라와 고상한 사람들을 회피할 것인가? 이러고서도 그대는 살 가치가 있다고 생각하는가? 아니면 그대는 그런 사람들에게 다가가서 말을 나눌 정도로 뻔뻔한가? 대체 그들과 무슨 말을 할 텐가, 소크라테스? 이곳에서 늘 그랬듯이, 미덕과 정의 그리고 제도와 나라 법보다 더 값진 것은 없다고 말할 텐가? 소크라테스의 꼴새가 도대체 말이 아니구먼 하는 생각이 들지 않는가? 틀림없이 그런 생각이 들 걸세.

아니면 그대는 그런 나라들이 아니라, 크리톤의 친구들을 찾아 테살리아로 갈 것인가? 무질서와 방종이 극심한 나라로?

그곳에서 그대는 그대가 탈옥할 때 얼마나 우스운 꼴이었는가를 그들에게 들려줄 텐가? 양치기의 차림을 했다거나, 변장하고 도망가는 사람들이 다 그렇듯이 우스꽝스러운 꼴새로 탈옥했다는 이야기를 들려주면 사람들이 듣고 좋아하기는 할 걸세. 하지만 생각해보게. 그대의 이야기를 듣고서, 살날도 얼마 남지 않은 노인네가 가장 신성한 법을 어기면서까지 탐욕스럽게 삶에 집착한다고 말하는 사람이 정말 아무도 없을까? 그대가 누구도 화나게 하지 않는다면, 그럴 수도 있겠지. 하지만 그대가 누구라도 화나게 한다면, 오, 소크라테스! 그대는 치욕스런 말을 많이도 듣게 될 걸세. 그대는 모든 사람들에게 굽실굽실 종노릇하며 목숨을 이어나가겠지. 그런데 그곳 테살리아에서 그대가 할 수 있는 게 뭔가? 마치 진수성찬을 대접받기 위해 이곳을 떠나기라도 한 것처럼 먹고 마시는 것이 아니라면, 그대가 거기서 할 수 있는 게 도대체 뭔가? 이런 상황에서 그대가 견지했던 '올바름'과 그 밖의 '사람으로서의 훌륭함'은 어떻게 되겠는가?

혹시 아이들 때문에라도 살아야겠다고 마음먹고 있는가? 그들을 직접 기르고 가르치기 위해? 어째서 그렇지? 테살리아로 그들을 데려가 거기서 기르고 교육할 것인가? 그리고 그들을 이방인으로 만들어 그들이 그것에 감사해 하도록 할 참인가? 그게 아니라면 그대가 그대의 자식들과 같이 있지 않더라도, 그대가 살아만 있으면 애들이 더 잘 양육되고 교육될 수 있다는 생각인가? 그대의 친구들이 그대의 애들을 돌봐줄 거라고 말할 텐가? 그렇다면, 그대의 친구들은 그대가 테살리아로 가면 애들을 돌봐주지만, 그대가 저승으로 가면 돌봐주지 않는단 말인가? 그대의 친구라고 자처하는 사람들이 조금이라도 쓸모 있는 인간이라면, 그대의 자식들을 돌봐줄 것이라고 그대는 믿어야 하네. 그러니 소크라테스여, 그대를 길러준 우리의 말대로 하게. 자식도, 목숨도, 그 밖의 그 어떤 것도 정의보다 더 높다고 여기지 말게나!

이 모든 것이, 그대가 저승에 갔을 때 그곳을 다스리는 자들 앞에서 그대를 변호해 줄 걸세. 그대가 지금 꾀하고 있는 일은 이승에 있는 그대에게도, 그대와 가까운 그 누구에게도 더 좋아 보이지도, 더 옳아 보이지도, 더 신성하게 보이지도 않네. 그것은 또한 저승에 갈 그대에게도 좋을 게 없네. 하지만 그대가 지금 이승을 떠난다면 그대는 우리들 법으로부터가 아니라, 사람에 의해 불의를 겪은 희생자로 떠나게 되네. 그러나 그대가 불의를 불의로, 악행을 악행으로 갚는 부끄러운 짓을 하고 이 나라를 떠난다면, 그래서 우리와 맺었던 합의와 계약을 망가뜨린다면 어찌 되겠는가? 그대는 그대가 해쳐서는 결코 안 될 그대 자신, 그대의 친구들, 그리고 조국과 이 나라 법을 해치게 될 걸세. 그렇게 한다면, 그대가 살아 있는 동안에는 우리가 그대에게 분노를 터뜨릴 것이고, 그대가 저승에 가면 그때는 우리의 형제들인 '저승의 법'이 그대를 아니꼽게 바라볼 걸세. 그대가 우리를 몰락시키려고 했다는 것을 그들도 알 것이기 때문일세. 그러니 그대는 크리톤의 말에 넘어가지 말고, 우리가 말하는 대로 하게나."

5

소크라테스   사랑하는 벗 크리톤, 잘 알아두게! 제의祭儀(제사의 의식)의 열광에 푹 빠진 사람들에게, 제의 때 부는 피리 소리가 귀에 쟁쟁한 것처럼, 내게도 그런 소리들이 들리네. 앞에서 했던 말이 내 안에서 윙윙거리며 가득 채우고 있어서 그 밖의 다른 말은 아무것도 들리지 않는단 말일세. 알고 있게. 지금 내 생각이 이러하니, 이런 나의 판단에 어긋나는 말은 전혀 소용이 없다네. 그런데도, 자네가 나를 설득할 말이 있다고 믿는다면 말해보게!

크리톤   아닐세, 소크라테스! 나는 할 말이 없네.

소크라테스   그럼, 크리톤! 그만두게. 신이 이 길로 이끄시니, 우리 이 길로 가세.

독서토론을 위한 질문 12

① 여러분은 진정한 우정이 무엇이라고 생각하나요? 크리톤은 소크라테스에게 어떤 친구였나요?(20~21, 41~42, 46~50, 167~168쪽)

② 대중이 내리는 평판과 분별력 있는 몇 사람의 의견 중 어느 것이 더 중요하다고 생각하나요? 소크라테스는 대중이 내리는 평판에 대해 어떻게 생각했나요?(42, 65, 69, 73~74, 94~95쪽)

③ 여러분에게 가장 훌륭하다고 생각되는 삶의 원리는 무엇인가요? 소크라테스가 말했던 원리, 즉 로고스(logos)는 무엇인가요?(59~60, 64~65쪽)

④ 어떤 삶이 살 만한 가치가 있는 삶일까요? 쾌락이나 즐거움을 주는 것은 참으로 좋은 것일까요? 삶에서 빠뜨려서는 안 되는 것은 무엇일까요?(79, 81~82, 92쪽)

⑤ 불의한 짓을 당했을 때는 불의한 짓으로 그것을 되갚아 주는 것이 옳을까요? 소크라테스는 어떻게 생각했나요?(97, 100, 158, 171~173쪽)

⑥ 소크라테스는 자신을 기소한 법이 악법이라고 여겼나요? 소크라테스가 법관들에게 요청한 것은 무엇인가요?(155~156, 171~173쪽)

⑦ 여러분은 잘못된 판결로 시련을 겪게 된다면 어떻게 해야 한다고 생각하나요? 판결에 따라야 한다고 생각하나요, 아니면 다른 태도나 방법을 취해야 한다고 생각하나요? 소크라테스는 어떻게 생각했나요?(121, 125~126, 128, 134~135, 171~173쪽)

⑧ 돈이나 명성은 지혜와 어떻게 다른가요? 여러분은 둘 중 어느 것이 더 중요하다고 생각하나요? 또 그 이유는 무엇인가요?(142~145쪽)

⑨ 여러분은 정의와 목숨을 맞바꿀 수 있다고 생각하나요? 친구와 가족을 위해 목숨을 '건지는 것'과 나라의 미래를 위해 '목숨을 바치는 것' 중 어떤 것이 더 중요하다고 생각하나요?(137, 149쪽)

⑩ 소크라테스는 왜 탈옥하지 않았나요? 탈옥하지 않은 이유를 세 가지 이상 말해보세요. 탈옥하지 않은 가장 큰 이유는 무엇인가요?(70~71, 91~92, 97, 99~100, 107, 114, 118, 121, 125, 128, 134, 139, 145, 147, 149, 151쪽)

⑪ 소크라테스는 '악법도 법이다'라는 말을 한 적이 있나요? 없다면 이 말은 어떻게 만들어진 걸까요?(119, 175~177쪽)

⑫ 여러분은 재판관에게 가장 필요한 덕목이 무엇이라고 생각하나요? 어떤 인물이 대법관과 헌법재판소 재판관이 되어야 할까요?(180~181쪽)

그리스 역사 이야기

- 그리스 3천 년을 하루의 흐름으로 읽기

정오를 가장 또렷하게 보여준 그리스 문명

신약성경은 몽땅 그리스 글자로 기록되어 있다. '일 점 일 획도 빼놓지 않고' 철저하게 그리 되어 있다. 말이 안 되는 것 같지만, 이스라엘어(히브리어)로 된 신약성경은 없다. 식민 종주국 로마인들에게 보내는 편지 〈로마서〉도, 이스라엘인을 겨냥하고 쓴 〈히브리서〉도 그리스 글자로 쓰여 있다. 신약이 기록된 시기는 그리스가 정치적으로 확 기울어진 때부터 400년 후이고, 완전히 망한 때로부터는 200년이 지나서였는데도, 그랬다.*

그때 유럽의 문화와 문명을 떠올려보면 이상한 일이 아니다. 식

---

* 아테네와 테바이가 마케도니아에 패해 그 밑으로 들어간 때가 기원전 338년(카이로네이아 전투)이고, 아테네가 로마의 속주가 되어 망한 때가 기원전 146년이다. 신약성경은 기원후 50~60년 즈음부터 기록되기 시작했다.

민 종주국인 로마인의 철학, 문학, 수학 등 학문과 예술은 아테네의 그것에 한참 못 미쳤다. 다른 로마인과 마찬가지로, 로마의 학문과 지성을 개척한 정치가 키케로(기원전 106~43년)도 그리스의 정신으로 그를 단련했을 정도다. 그는 10대 때 철학자 필론을 스승으로 모셨다. 필론은 플라톤이 세운 아카데미아의 원장을 지냈는데, 그리스 내란을 피해 로마에 와 있었다. 필론과의 만남으로 키케로의 정신은 그리스에 매료되었다.

20대 때 키케로는 아테네로 유학을 가 그리스 사상을 흠뻑 빨아들였다. 얼마나 깊게 빨아들였던지, 키케로를 가르쳤던 스승이 "지금껏 우리 그리스가 자랑했던 학문과 웅변도 이제 로마에 빼앗기게 되었다"라고 할 정도였다. 사실 그의 일생은 그리스 사상의 로마화라고 해도 그리 지나친 말은 아니다. 그는 특히 플라톤의 영혼론에 영향을 받아 그의 저술 여기저기에서 플라톤의 글을 인용했다. 로마인의 그리스 배우기는 키케로 때만이 아니라, 그 뒤로도 한참 동안 로마 지식인 일반의 일이었다. 이것이, 폭삭 망해 주권조차 빼앗긴 지 200년이 넘은 나라의 말인 그리스어로 신약성경을 쓴 까닭이다.

어떻게 이런 일이 일어났을까? 고대 그리스, 특히 기원전 5세기에 아테네에서 살았던 사람들이 펼쳐 보인 문명과 문화의 빛이 그때까지도 환히 비추고 있었기 때문이다. 그때 그곳은 문학, 역사,

철학, 과학, 음악, 연극, 운동경기, 웅변, 건축, 조각, 정치, 경제 등 어느 한 분야도 빼놓지 않고 세계 최고봉을 보여주었다.

신들의 산 올림포스의 정상을 《일리아스》와 《오뒷세이아》란 서사시로 훌쩍 뛰어 넘은 호메로스, 서정시로 금강산만큼 수려한 봉우리를 솟구쳐 올린 사포, 비극의 최정점을 보여준 세 비극시인—아이스퀼로스 · 소포클레스 · 에우리피데스, 대제국 페르시아를 물리친 영웅들, 자연철학과 과학을 열어 보인 밀레토스학파 · 엘레아학파 · 기계론자들, 철학의 자리와 언어를 빚어낸 세 스승과 제자—소크라테스 · 플라톤 · 아리스토텔레스, 《역사》를 지어 '역사의 아버지'가 된 헤로도토스, 그리고 《펠로폰네소스 전쟁사》를 지어 역사학의 아버지가 된 투퀴디데스, 서양 정치인의 얼굴이 된 솔론 · 클레이스테네스 · 페리클레스, 서양인들이 말하길 세상에서 가장 아름다운 건축물이라는 '파르테논 신전'을 세우고 조각한 무수한 사람들—특히 페이디아스, 3만 명이 넘게 들어가는 야외 공연장을 세우고 그 음향을 완벽하게 처리한 장인들, 이 외에도 많은 것들이 그때 그리스 땅에서 솟아나왔다. 사실 위에 든 그 어느 것 하나 현대에도 넘기 힘든 높이를 보여주는 것들이고, 사람들이다.

그리스의 여명기

그리스 사회가 처음부터 빛을 뿜어낸 건 아니다. 그들에겐 상상할 수 없을 만큼 깊은 어둠의 때가 있었다. 글자를 잃어버려* 몇 백 년 동안 글자 없는 어둠 속에서 살아야 했다. 어찌된 영문인지 그 이유가 지금까지도 밝혀지지 않을 정도로 그들은 철저한 어둠 속을 헤맸다.

그러던 어느 날, 뜬금없이 《일리아스》가 솟아나왔고, 《오뒷세이아》가 뒤따라 나왔다. 글자도 없었는데, 지금 봐도 완벽하다고 할 작품이 나온 것이다. 두 작품의 탄생으로 그리스 사회에서 어둠은 물러나고 쨍쨍한 해가 떠올랐다. 두 책을 펴 올린 사람은 뜻 깊게도 '눈먼 사람'이었다. 그리스인이 거언 400년 동안 어둠 속을 지나오면서 입에서 입으로 전하며 고치고 또 전해주었던 것. 그것을 눈먼 사람 호메로스가 완벽한 작품으로 다듬어 내놓은 것이다.

책의 내용이야 오랜 시간이 묵고 응축되어서 생겨났다지만, 그것을 표기하는 새로운 글자는 어떻게 출현하게 되었을까? 그것은 페니키아로부터 알파벳을 가져와 그리스 발음체계에 맞게 개조한 것이었다. 페니키아의 발음체계와 그들의 발음체계가 어떻게 다른지, '구별해' 알 만큼 자의식이 형성되어 있었기에 가능한 일이었다.

기원전 8세기 후반에 글자가 새로 만들어진 뒤, 새 글자는 빠른 속도로 그리스 사람들에게 퍼져나갔다. 그에 따라 그리스 사회에

---

* 기원전 12세기에 그리스 땅에서 미케네 문명이 몰락한 뒤 그 지역에서 글자가 사라졌다가, 기원전 8세기 후반에 그리스 글자가 다시 나타났다

서 귀족들은 점차 힘을 잃어갔다. 기원전 7세기 중반쯤엔 새로운 정치체제인 참주(Tyrannos)*가 출현했다.

기원전 7세기 중반부터 140년 동안의 시기(대략 기원전 650~510년)에 그리스 사회에 중요한 것 두 가지가 확립되었다. 첫째는 법령을 글로 나타낸 것이고, 둘째는 올림피아 대제전 등 그리스 사회 전체가 참가하는 제전이 확고하게 자리잡아 그리스 나라 사이에 유대가 강화된 것이다.

그리스 사회에서 핵심적인 나라는 스파르타와 아테네이지만, 국가체제 정비에 있어 아테네는 스파르타에 한참 뒤졌다. 스파르타는 완전한 시민, 주변인, 노예로 철저하게 구분된 신분사회였다. 지배층인 1만 명 안팎의 완전한 시민은 이론상 동등했고, 실제로도 그들은 꽤 평등했다.

왕은 세습되었지만 두 명의 왕을 두어 권력 집중을 막았으며, 다섯 명의 장관을 추첨으로 뽑아 두 왕을 감시하게 했다. 이들은 전쟁 때도 왕과 함께 출전해 왕을 감시했고, 왕들에 대한 사법권도 가지고 있었다. 이들에게 민주적인 제도는 '완전한 시민 전체'로 구성되는 민회가 있었으며, 귀족적인 제도는 28명으로 구성되는 원로회

---

* '참주'란 원래 혈통에 관계없이 자기 힘으로 권력을 잡은 사람을 뜻한다. 초기의 참주들은 귀족정부에 대한 반란의 지도자들로서 환영받았지만, 정치 투쟁 속에서 비난을 받게 되어 나중엔 참주란 말도 부정적인 의미로 사용되었다.

의가 있었다. 스파르타의 정치는 한 마디로 왕정, 귀족정, 민주정이 짬뽕되어 있었다.

스파르타는 완벽히 노예에 의해 떠받쳐지는 사회였다. 스파르타의 완전한 시민들은 비옥한 땅에, 그들보다 훨씬 많은 수의 노예를 소유했기 때문에 생산 활동을 하지 않아도 잘 살 수 있었다. 걱정이 없었던 건 아니다. 노예가 그들보다 훨씬 많았기에 노예들의 봉기를 두려워하지 않을 수 없었다. 그 두려움을 시민 한 명 한 명이 '인간 병기'가 되는 것으로 해결했다. '인간 병기'는 그들 삶의 푯대가 됐다. 스파르타인은 아무 때나 마음이 내키는 대로 노예들을 죽여도 상관없었다. 심지어는 반란의 싹을 제거하기 위해, 불평이 있을 법한 사람을 죽이는 시기를 연중행사로 두기도 했다.

기원전 7세기의 아테네는 반란과 이웃 나라의 침입으로 극심한 혼란 속에 있었다.

각 지역마다 파벌이 만들어져 산간 지방에 사는 사람들은 민주 정치를, 평지에서는 과두 정치를, 해안에 사는 사람들은 혼합 정치를 주장하면서 제각기 세력을 다투게 되었다. 게다가 빈부의 차이가 너무 심해져서 아테네는 아주 위험한 상태에 빠지게 되었다. 이같은 혼란을 구하는 길은 절대적 권력 이외에는 다른 수단이 없었다. 대부분의 사람들은 부자들에게 진 빚 때문에 경작한 수확의 6분의 1을 바치고 있었고, 자기 몸을 저당잡힌 사람들은 노예가 되거나 팔려가기도 했다. 그래서 많은 사람들이 외국으로 도망을 가거나 자식을 파는 일까지 벌어지게 되었다.[*]

이런 혼란 상황에서 아테네는 기원전 590년대에 솔론에 의해 큰 전기를 마련했다. 솔론은 시민들의 재산을 조사하여, 수입 정도에 따라 1급, 2급, 3급을 부여하고 관직에 오를 자격을 주었다. 여기에 들지 못한 평민들은 관직에 오를 수는 없지만, 공동집회 출석과 배심원 자격을 가지게 했다. 솔론이 이렇게 한 것은 평민들도 정치적인 발언을 할 수 있도록 하기 위해서였다.

솔론의 개혁으로 평민의 정치권력은 커졌지만, 아테네를 안정시키에는 역부족이었다. 그에 따라 아테네도 다른 그리스 나라들처럼 평민들의 지지를 받아 권력을 잡는 참주가 생겨났다. 페이시스트라토스가 아테네의 첫 참주가 되었다.(기원전 550년) 그는 빈곤한 농민을 여러 가지로 도왔으며, 귀족들에게서 몰수한 토지를 평민들에게 분배해 주었다. 또한 그리스 문화에 있어서 한 획을 긋는 일을 했다. 디오니소스 대전을 대규모로 재구성해 비극이라는 새로운 장르에 공적인 위엄을 부여한 것이다. 서사시 역시 이 계몽적 지

---

[*] 플루타르크 지음, 이성규 옮김,《플루타르크 영웅전 전집》(현대지성사, 2000), 153쪽.

배자에 의해 공적 지위가 부여되었다. 그는 온건하게 권력을 행사하다가 527년 아들 히피아스에게 참주 자리를 물려주었다. 하지만 아테네의 '귀족들'은 510년 스파르타의 도움을 받아 히피아스를 추방했다. 이로부터 아테네는 또다시 분쟁에 휩싸였다.

이때 아테네의 위대한 정치인 클레이스테네스가 나타나 이것을 해결했다.(507년) 그는 귀족이었지만 평민파가 되어, 아테네 사회조직을 전면적으로 바꾸었다. 본래 아테네는 4개 부족이었는데 클레이스테네스는 이를 10개 부족으로 재편성했다. 인위적으로 형성한 10부족 체제를 통해 아테네는 귀족들 사이에 있었던 갈등의 물리적 기반을 상당히 허물어뜨렸을 뿐 아니라, 귀족들의 영향력도 축소했다. 이렇게 하여 아테네에 민주체제의 기반이 마련되었다.

그리스의 생동하는 아침

민주적인 사회로 내딛고 있을 때, 에게 해 너머 동쪽에서 페르시아가 침략해 왔다.(기원전 490년) 페르시아(다레이오스왕 때)는 마라톤으로 600척의 삼단노선(고대 선박)을 진격시켰다. 아테네를 도우러 온 나라는 조그만 나라인 플라타이아뿐이었다. 두 나라는 연합대형을 짜 페르시아에 맞섰다. 이것은 그리스 역사에 남을 한 사건이었다. 아테네와 플라타이아 연합군이 페르시아군을 물리친 것이다. 이 싸움은 아테네엔 엄청난 자부심을 주었지만, 그대로 그냥 끝낼 페르시아가 아니었다.

10년 후(기원전 480년) 페르시아는 제국 전체에 총동원령을 내려, 페르시아의 왕 크세르크세스가 직접 육상병력 70만과 삼단노선 1,207척을 이끌고 그리스로 향했다. 페르시아군은 헬레스폰토스 해협을 건너고 테살리아 지역을 지나서 테르모필라이에 이르기까지 제대로 된 저항 한 번 받지 않고 낙엽을 쓸 듯 그리스 북부를 무찌르며 남쪽으로 내려왔다.

하지만 테르모필라이에선 달랐다. 규모는 크지 않았지만 그리스 연합군이 페르시아군을 기다리고 있었다. 페르시아군이 그리스 연합군을 공격했지만 길이 좁아 페르시아의 대군은 효과적이지 않았다. 겨우 수레 한 대 지나갈 정도로 좁은 곳에서 전투가 벌어졌기 때문이다. 사상자만 늘어나 고민하던 중에 페르시아측은 우회로를 알아내 협공작전을 펼쳤다. 협공에 노출된 사실을 알게 된 그리스 연합군은 회의 끝에 부대를 해산하고 스파르타군 300명만 남아 그 자리를 지키기로 했다. 이들은 좁은 길에 딱 버티고 서서 칼을 휘둘렀다. 스파르타 용사들이 한 명 한 명 쓰러져갔다. 쓰러진 자리를 뒤에 있던 용사가 메웠다. 영화 〈300, 제국의 부활〉은 이때의 전투를 영화한 것이다. 마지막 한 사람이 쓰러졌다. 그때서야 페르시아군은 승리를 확신했다.

스파르타의 용사들은 용감히 싸웠지만 페르시아의 승리를 막을 수는 없었다. 페르시아는 육로와 해로를 따라 거칠 것 없이 내려가 아테네까지 육박해 왔다. 아테네인은 회의를 했다. 땅 위에서는 그들을 막을 수 없으니 비전투원은 안전한 섬으로 옮기고 전투원은 몽땅 배에 타기로 했다. 다행인 것은 그때로부터 5~6년 전에 새 은광이 발견되어 최근에 200척의 함선을 새로 건조했다는 점이다.

아테네의 아크로폴리스는 불바다가 되었다. 살라미스 해안에 모여 있던 그리스 연합군에게 이 소식이 전해지자, 그곳에서 철수하고 도망가려는 지휘관들이 생겨났다. 회의 끝에 겨우 살라미스의 좁은 해협에서 페르시아군과 맞서기로 합의했다. 흔쾌한 합의도 아니고, 승리가 예감되는 합의도 아니었기에 연합군 지휘관들 사이에 전투의 진용(군사들의 배치), 전술에서 합의가 이루어지지 않았다. 심지어는 다른 곳으로 옮겨 방어하자는 의견도 나왔다. 아테네의 장군 테미스토클레스는 논쟁을 단념하고 페르시아에 심부름꾼을 보냈다. "그리스군은 두려움을 이기지 못해 도망치려는 계획을 짜고 있다. 그들이 빠져나가지 못하도록 가로막기만 해도 다시없는 전과를 올릴 것이다"라는 말을 전하게 했다. 하지만 이는 계략이었다.

페르시아군은 부근에 있던 함대를 살라미스로 오게 해 그곳의 해협 전역을 봉쇄했다. 이미 살라미스를 빠져나갈 수 없게 되었다는 것을 알게 된 그리스 연합군은 그곳에서 싸우는 길밖에 없었다.

두 진영의 배가 좁은 해협에서 서로를 응시했다. 높은 언덕에선 페르시아의 왕 크세르크세스가 배로 가득 찬 바다를 내려다보고 있었다.

페르시아군의 함장은 누구라 할 것 없이 수적인 우세를 믿고 있었고, 또 왕 앞에서 공을 세울 기회를 그냥 날려버릴 수 없다고 생각했다. 자기편의 어느 배보다 서둘러야 한다고 생각했던 그들은 조급하게 덤벼들다 자기들 배끼리 뒤엉키게 되었다. 아무리 수가 많아도 그렇게는 이길 수 없다. 그리스 연합군의 대승이었다. 페르시아의 왕 크세르크세스는 갑자기 바빠졌다. 페르시아로 돌아가는 길을 확보해야 했기 때문이다. 철수하기 위한 시간을 벌려고 크세르크세스는 뒤에 페르시아군을 많이 남겨두었다. 그 페르시아군을 플라타이아에서 스파르타군이 무참히 무찔렀다.

그리스의 때 이른 오후

이제, 에게 해 전역과 지중해 대부분이 그리스의 앞마당이 되었다. 페르시아와의 전쟁, 특히 살라미스 전투를 통해 아테네는 스파르타와 어깨를 나란히 할 정도로 위상이 올라갔다. 스파르타는 애초부터 해군력을 거의 기르지 않았기에 에게 해 전역이 아테네의 수중에 들어갔다. 아테네는 페르시아의 위협이 아직 끝나지 않았다며 동맹을 결성했다. 옛날부터 신성한 지역으로 알려졌던 델로스 섬에 그 본부를 마련하고, 동맹의 기금도 그곳에 두었다. 사람들은 이를 델로스 동맹이라 한다. 반면에 펠로폰네소스 지역은 전부터 스파르타를 중심으로 뭉쳐 있었다. 이른바 펠로폰네소스 동맹이다. 그리스 지역이 두 진영으로 나뉜 것이다. 아테네와 스파르타는 이제 각각의 맹주가 되어 서로를 주시했다.

스파르타는 처음 나라를 세울 때를 빼고는 다른 나라의 영토를 탐내지 않았다. 오직 일당백의 용감한 인간이 되는 데에만 관심을 두었다. 돈을 버는 데에도 공식적으로는 관심이 없었다. 스파르타가 그리스 사회에서 위엄을 과시하던 때에는 실제로 그랬다. 그도 그럴 것이 '완전한 시민들' 사이에서만은 평등이 잘 지켜지고 있었기 때문이다. 스파르타가 동맹국을 대하는 태도 역시 그저 맹주 자리에 만족할 뿐이어서, 동맹국들로부터 별다른 원성을 사지 않았다.

아테네는 스파르타와는 전혀 달랐다. 권력 투쟁이 끊이지 않았고, 해상 활동을 통한 돈벌이에도 이력이 붙은 지 이미 오래여서 사치스러웠다. 동맹국을 대하는 태도에서도 아테네는 스파르타와 달랐다. 그들은 동맹국 위에 군림했다. 부국강병을 추구하며 제국주의를 밀고 나갔다. 페르시아로부터 에게 해를 지켜주는 대가로 동맹국에게서 돈을 거둬들였고 그 액수도 차츰 높였다. 처음 돈을 거둘 때는 어느 정도 명분이 있어 동맹국들이 자발적으로 냈지만 시간이 지나면서 그것은 강압이 되었고, 그에 따라 동맹국들로부터 원성을 사게 되었다. 또한 델로스에 두었던 동맹의 금고를 아테네로 가져와 그 돈을 마음대로 유용했다. 동맹의 단결을 위해 델로스에 짓던 신전도 중도에 그만두고, 대신 아테네에 파르테논 신전을 지었다.

아테네는 동맹국들에게서 받은 돈으로 금고가 넘쳐나게 되었다. 그 돈으로 아테네는 페르시아 침입 때 불타버린 아크로폴리스를 재건하고, 그 둘레에 성벽을 쌓고, 전함을 건조하고, 노잡이들을 고용해 훈련시켰다. 이러한 모든 것들에 일당을 후하게 쳐주었기에 아테네인들은 때 아닌 활황을 누렸다.

이런 모든 것들, 특히 아테네가 성벽을 쌓는 행위는 스파르타의 의심을 샀다. 스파르타는 자기 나라에 성벽 같은 걸 두지 않았는데, 아테네가 그렇게 하는 것은 스파르타를 염두에 두고 한 행위라 여겼기 때문이다. 그럼에도 기원전 465년까지 아테네와 스파르타는 페르시아를 함께 물리친 우방국으로 있었다.

갑자기 찾아든 해질녘

한편 아테네의 동맹국들 사이에선 아테네에 대한 불만이 커져갔다. 결국 낙소스섬이 델로스 동맹에서 이탈했다. 동맹국들의 이탈에 대해 '아테네 사람'인 투퀴디데스가 《펠로폰네소스 전쟁사》에서 밝힌 부분이 있다.

낙소스인들이 동맹을 이탈하자 아테네인들은 전쟁을 일으켜 포위 공격 끝에 그곳을 복속시켰다. 이것이 동맹 규약을 어겨 동맹국이 독립을 상실한 첫 번째 사례이며, 그 뒤 다른 동맹국에서도 그때그때 상황에 따라 같은 일이 벌어졌다. 이처럼 동맹을 이탈한 이유는 여러 가지가 있었지만, 주된 이유는 분담금이나 전함을 제대로 대줄 수 없었기 때문이며, 때로는 탈영이 이유가 되기도 했다. 왜냐하면 아테네인들은 부담금 부과나 함선 징발에 엄격했고, 희생을 감수할 의향이 없는 동맹국에 심한 압력을 가함으로써 미움을 샀기 때문이다.(1권, 98.2~99.1)

기원전 465년에 타소스인들이 아테네에 반기를 들었다. 타소스인들이 관리하던 트라케 지방의 시장과 광산을 아테네가 탐냈기 때문이다. 타소스는 스파르타에 도움을 청했지만, 스파르타는 노예들의 봉기 때문에 도울 수 없었다. 타소스는 "자신들의 성벽을 허물고, 함선들을 아테네에 다 넘기고, 배상금을 지불하고, 정기적으로 돈과 물건을 상납하고, 광산에 대한 권리를 포기하는 조건"으로 아테네에 항복했다.

이때 스파르타의 동맹국이었던 코린토스와 메가라 사이에 국경 문제가 생겨 전쟁이 터졌다. 메가라는 스파르타 동맹을 벗어나 아테네의 동맹국이 되었고, 아테네는 메가라에 성벽을 쌓아주고 수비대를 주둔시켰다. 이로써 제1차 펠로폰네소스 전쟁이 시작되었다. 15년(기원전 460~446년) 동안 그리스를 피폐하게 한 끝에 두 동맹 사이에 30년 기한의 평화협정이 체결되었다.

하지만 평화협정은 기원전 431년에 깨져, 제2차 펠로폰네소스 전쟁(제2차 그리스 대전)이 발발했다. 이 전쟁은 단순하게 설정하면 아테네가 항복한 기원전 404년에 끝난다. 하지만 더 포괄적으로 잡으면, 아테네가 반기를 들고 일어나 다시 전쟁통 속으로 빠졌다가, 그리스 대부분이 알렉산더의 아버지 필리포스 2세의 말발굽 밑으로 들어갈 때(기원전 338년)까지라 할 수 있다.

제2차 펠로폰네소스 전쟁이 터진 기원전 431년은 아테네의 부강함이 정점을 지나는 순간이기도 했다. 당연히 그리스 전체의 정점을 찍는 순간이다. 앞 시기가 예술가들이 사람의 긍지를 드높이 보여준 시詩의 시대였다면, 뒷 시기는 철학자와 역사학자가 비참과 무자비함을 돌파하기 위해 머리를 싸맨 산문과 논리의 시대였다.

앞 시대를 살았던 사람들은 행복했다. 자신이 산 시대를 석양의 장엄함으로 장식했던 테바이의 시인 핀다로스, 인간의 자유를 천상세계로까지 끌어올려 역사의 의미를 밝혔던 이야기꾼 헤로도토스, 숭고함이 사람에게 속한 것임을 온 나라 시민에게 보여주었던 비극작가 아이스퀼로스와 소포클레스, 정말로 신이 살고 있음직한 신전과 조각품을 보여준 페이디아스, 이렇게나 가슴 떨리는 사람들이 살아있던 때였다! 이름하여 그리스의 황금기다.

이렇게 가슴 떨린 사람들이 만들어내던 예술의 시대도, 사람들 마음속에서 제국주의가 꿈틀꿈틀 기어나오자 아련히 사라져가는 석양녘 햇살이 되고 말았다. '캐물으며 살아야 한다', '알지도 못하면서 어찌 그리 안다고 나대는가', '네 자신을 알라'고 하며 쇠파리(등에)처럼 사람들을 귀찮게 할 수밖에 없었던 소크라테스. 그리스 세계 전쟁을 보며, 피와 속임과 파렴치가 아무렇게나 얽혀 있는 역사를 날것 그대로 보여주었던 투퀴디데스. 전쟁이 낳은 참혹하고 야비한 인간들을 보면서, 교육과 정치의 판을 처음부터 다시 짜야 한다고 여길 만큼 몸서리쳤던 플라톤. 이들은 석양을 붙들어 놓으려고 논리와 산문을 펼쳤지만, 저물어가는 해를 어쩌지는 못했다. 그리스가 몰락해 갔다.

그리스의 황금기와 암흑기, 잠깐 사이 사람들의 운명은 이렇게 다르게 주어졌다. 천재들에게도 그랬으니 평범한 사람들이야 어땠겠는가? 두 시대 사이에 본질적으로 다른 것이 있었다면, 제국주의자의 욕망이 사람들의 마음을 차지했느냐 하지 않았느냐, 지배했느냐 하지 않았느냐의 차이가 있을 뿐이다.

사람들에게 있던 제국주의적인 욕망을 끄집어내도록 부추기는 데 가장 큰 책임이 있는 사람은 놀랍게도 페리클레스다. 그는 누구인가? 전사한 병사들을 위한 추모연설로 서양 지도자들에게 연설의 본을 제시한 사람이다. 링컨의 그 유명한 게티즈버그 추모연설 역시 페리클레스의 연설에 빚지고 있을 정도다. 그는 아테네의 미래이자 전부였던 만큼 재능이 출중했고, 자기 절제력도 놀라웠다. 그래서 아테네 시민들은 그에게 30년 넘도록 아테네를 맡겼으며, 그 중 15년 동안은 계속해서 제1시민으로 삼아주었다.

> 페리클레스는 명망과 판단력을 겸비한 실력자이자 청렴결백으로 유명했기에 대중을 마음대로 주물렀으며, 대중이 그를 인도한 것이 아니라 그가 대중을 인도했다. (……) 그리하여 아테네 정치체제는 명목상으로만 민주주의였고 실제 권력은 제1인자의 손에 있었다.(2권, 65. 8~9)

이것은 투퀴디데스가《펠로폰네소스 전쟁사》에서 페리클레스의 죽음을 전한 뒤 내린 평이다. 이렇게 엄청난 사람이 어찌하여 아테네를, 그래서 결국 그리스 사회 전체를 암흑으로 끌고 가게 되었던가? 그것은 단 하나 때문이다. 그의 나라를 너무 사랑했기 때문이다. 다른 나라의 목을 비틀어서라도 자기 나라와 시민을 풍족하게만 하면 된다는 제국주의자의 욕망, 그것 때문이었다. 이 욕망이 어떤 일을 저질렀는지 플루타르크의《영웅전》을 보자.

아테네에게 포위당한 지 아홉 달 만에 사모스인들은 결국 항복했다. 페리클레스는 성벽을 허물고 그들의 군함을 몰수했다. 그리고 무거운 배상금을 물려 일부는 받고 일부는 정기적으로 바치라고 하면서, 그것을 위해 볼모를 잡아갔다. 그리고 사모스 군의 장군과 병사들을 밀레토스시의 광장으로 끌고 가서 열흘 동안 기둥에 묶어 반죽음이 될 때까지 기다렸다가, 몽둥이로 머리를 때려죽이고는 시체를 묻지도 않고 내다 버렸다고 한다.

페리클레스는 아테네의 권력을 확장하기 위해 다른 나라의 분쟁을 이용했다. 그리스 사회는 또다시 스파르타 쪽과 아테네 쪽으로 갈렸다. 스파르타의 왕이 평화를 제안했지만 아테네의 제1시민이었던 페리클레스는 거절했다. 전쟁은 또 터졌다.

일어나지 않을 수도 있었을 제2차 펠로폰네소스 전쟁은 이렇게, 비뚤어진 욕망 때문에 발발했다. 짧게는 27년이고, 길게는 100년이 넘는 전쟁 말이다. 이렇게 긴 전쟁을 치르고서도 싱싱하고 기품 있게 남아 있을 문화나 문명은 없다. 2,000년도 더 지난 일이건만 그 후유증은 아직도 다 가시지 않은 듯하다.

전쟁의 경과는 참혹했다. 1년 만에 아테네 안에 전염병이 발생해 무수히 많은 사람이 죽어갔다. 장례도 치르지 않고 구덩이에 던져지는 주검이 셀 수 없을 정도였다. 병이 옮을까봐 환자는 물론, 사람이 죽어가도 들여다보지도 않았다. 페리클레스 집안 역시 예외가 아니었다. 이 전염병으로 두 아들 모두가 죽었고, 여러 누이와 많은 친척들도 죽었다. 페리클레스 자신도 전염병에 걸려 기원전 429년 9월, 전쟁을 일으킨 지 2년 6개월 만에 죽었다.

그리스 땅에 있던 나라는 어느 나라가 되었건 전쟁이 가져온 참혹함 속에서 살아야 했다. 그것의 구체적인 경과는 특별할 게 없다. 길게 끈 전쟁이 다 그렇듯, 저번엔 졌으나 이번엔 이기고, 저번엔 학살했으니 이번엔 학살당하는 운명이, 지칠 줄도 모르고 반복되고 또 반복되는 것뿐이다. 기원전 403년에 결국 아테네가 스파르타에 항복했다. 스파르타는 아테네에 아테네 귀족 33인을 참주로 세웠다. 역사학에서 말하는 제2차 펠로폰네소스 전쟁(제2차 그리스 세계대전)이 그제야 끝났다.

칠흑 같은 어둠

하지만 전쟁은 또 터졌다. 33인 체제는 일 년 만에 아테네인들에 의해 쫓겨나야 했다. 스파르타도 긴 전쟁을 치르느라 여러모로 약화되었기에 그것을 지켜보고 있을 수밖에 없었다. 그로부터 3년 후인 기원전 399년에 소크라테스가 독배를 들었다. 이것은 전쟁이 내놓은 곁가지이지만, 제2차 펠로폰네소스 전쟁 전체보다도 큰 일이 되었다.

33인 참주체제의 잔혹성, 민주체제하에서 주어진 소크라테스의 독배를 누구보다 가슴 아파했던 플라톤이 큰 결심을 하게 된 계기가 되었기 때문이다. '문명을 뿌리부터 다시 생각해야겠다'는 플라톤의 마음다짐이 그것이다. 마음다짐의 열매가 책이 되어 풍성하게 나왔고,《크리톤》이 그 중 하나다. 그의 책은 서양 정신의 틀이 되었다. 오죽했으면 20세기 최고의 철학자이자 수학자 중 한 명인 화이트헤드가 "서양철학은 플라톤에 대한 풀이이다"라고 했겠는가! 이런 결과로 보면, 제2차 펠로폰네소스 전쟁은 그리스인에겐 재앙이었지만 서양문명엔 축복이었다고 해야 할까?

소크라테스가 독배를 마시고 난 뒤, 플라톤이 큰 다짐 속에서 살아가던 때 그리스는 여전히 전쟁통 속에 있었다. 이번엔 스파르타와 아테네만이 아니라 테바이와 코린토스도 맹주 자리를 차지했다는 게 달라진 점이라면 달라진 점이다. 그런 만큼 그리스 내에 있는 나라들의 이합집산(뭉치고 흩어짐)은 이전보다 더 요동쳤다. 페르시아는 이미 제2차 펠로폰네소스 전쟁 막판에 뒷돈을 대며 그리스의 난장판에 끼어들어 판을 흔들고 있었다.

기원전 371년 드디어 스파르타가 패했다. 테바이가 레우크트라에서 스파르타를 격퇴한 것이다. 이제 테바이의 시댄가? 테바이는 그리스 북쪽 끝에 있던 테살리아에게 저지당했다. 테살리아의 시댄가? 아니었다. 테살리아 또한 내분에 휩싸였다.

고르디우스의 매듭

소아시아 지역의 고대 국가인 프리기아의 왕 고르디우스는 자신의 마차에 풀기 어려운 매듭을 지어 실을 묶어 두었다. 그러곤 그 매듭을 푸는 자가 훗날 아시아를 정복할 것이라는 예언을 했다. 풀어야 할 매듭인데, 아무도 풀지 못했다. 그때 알렉산더(알렉산드로스 대왕)가 칼로 매듭을 두 쪽으로 갈라버렸다. 하지만 이것은 매듭을 푸는 게 아니었다. 알렉산더가 전쟁터에서 죽고, 그의 나라가 세 동강이 난 역사가 바로 그것을 증명한다.

사람들의 표정이 사람 수만큼 다채롭다. 깜짝 놀라는 사람, 환희의 탄성을 지르는 사람, 슬픔에 젖어드는 사람, 무표정인 사람, 슬쩍 미소를 흘리는 사람. 알렉산더의 칼은 그만큼 복잡했다.

마케도니아에서 살해된 형에 이어 필리포스가 왕이 되었다.(기원전 359년) 그는 기원전 338년에 그리스를 수중에 넣었다. 필리포스는 페르시아 침략을 준비했다. 하지만 그의 몫이 아니었다. 그는 기원전 336년에 암살당했다. 어쩌면 필리포스를 암살한 장본인일지도 모르는 그의 아들 알렉산더(알렉산드로스)가 뒤를 이었다. 그는 아버지의 계획을 이어받아 페르시아를 넘어 인도까지 진출했으나, 고향에 돌아오지도 못하고 머나먼 타국 땅 전쟁터에서 죽었다. 이후 그리스에선 마케도니아로부터 독립하기 위한 전쟁이 있었고, 또 동맹이 만들어졌다. 그러나 결국 그리스 땅은 기원전 2세기(아테네는 기원전 146년에 망함)에 로마의 식민지가 되었다.

로마의 황제 콘스탄티누스는 기원후 330년에 수도를 비잔티움으로 옮기고, 지명을 콘스탄티노플로 바꾸었다. 그리스 전역이 (동)로마, 즉 비잔티움 제국의 피식민지가 되었다. 이 기간 동안에 우여곡절이 있었지만, 그리스 땅은 1453년 오스만 튀르크에 의해 함락될 때까지 (동)로마의 수중에 있었다. 이제 그리스 땅은 오스만 튀르크의 피식민지가 되었다.

1830년, 그리스는 드디어 오스만 제국을 물리치고 독자적인 나라를 세웠다. 기적이다. 진짜 기적이다. 나라를 잃은 뒤로 도대체 얼마나 긴 세월이 흘러갔나! 기적을 일으킨 그 힘은 어디서 왔을까? 기원전 5세기에 이루어냈던 그들의 정신이 그때까지 적게나마 남아 있었기에 가능한 일이었으리라. 나라를 다시 세운 그리스의 힘은 틀림없이 그때의 힘이 이룬 쾌거다. 하지만 지금까지도 그리스는 기원전 5세기, 그러니까 2,400년 전의 위엄을 보여주지 못하고 있다. 그 옛날 그들의 조상들이 이루었던 문화, 세계를 놀라게 했던 위대하고 숭고한 문화를 그들은 아직도 보여주지 못하고 있다. 기원전 431년에 터졌던 전쟁이 2,400년이 훌쩍 넘은 지금까지도 그 후유증을 남기고 있는 것이다. 참으로 무섭고 참혹한 전쟁이다.

소크라테스 시대 연보

(연도는 모두 기원전임)

490년   마라톤 전투에서 아테네가 페르시아를 물리치다
480년   살라미스 해전에서 아테네를 중심으로 한 그리스 연합군이 페르
           시아를 물리치다
470(469)년 소크라테스가 태어나다
460년   제1차 펠로폰네소스 전쟁(~445)이 일어나다
458년   아이스킬로스의 〈오레스테아이 3부작〉이 공연되다
450년   알키비아데스가 태어나다―《파르메니데스》의 시대 배경
447년   파르테논 신전 건축이 시작(~432 완공)되다
442년   소포클레스의 〈안티고네〉 공연되다
432년   파르테논 신전이 완성되다―《프로타고라스》, 《알키비아데스》의
           시대 배경
431년   포티다이아가 아테네에 반기를 들다
           소크라테스가 포티다이아 원정에 병사로 참전하다
           투퀴디데스가 《펠로폰네소스 전쟁사》 집필을 시작하다
           에우리피데스의 〈메데이아〉가 공연되다
           제2차 펠로폰네소스 전쟁(~403)이 일어나다
           페리클레스가 유명한 '전사자 추모 연설'을 하다
429년   소크라테스가 포티다이아에서 전투를 마치고 아테네로 돌아오다
           소포클레스의 〈오이디푸스 왕〉이 공연되다
           페리클레스가 전염병으로 죽다
427년   플라톤이 태어나다
424년   소크라테스가 델리온 전투에 병사로 참전하다

423년	아리스토파네스의 희극 〈구름〉이 공연되다
	에우리피데스의 〈탄원하는 여인들〉이 공연되다
422년	소크라테스가 암피폴리스 전투에 병사로 참전하다
416년	소크라테스의 아들 람프로클레스가 태어나다―《향연》의 시대
	배경
411년	아테네 정변으로 400인 과두정이 수립되다
410년	아테네가 민주정으로 복귀하다
	소크라테스의 아들 소프로니스코스가 태어나다
406년	아테네가 아르기두사이 전투에서 스파르타에 승리하다
	이 전투에 참전했던 장군들 10명이 전투 후 생존자 구출을 안 했
	다는 이유로 재판에 회부되고, 이 때 소크라테스는 최초로 관직을
	맡았는데 이 재판의 의장단이 되었다. 이 재판에서 10명은 집단적
	으로 사형 선고를 받았는데, 소크라테스만 반대 투표를 하여 10명
	이 개별적으로 재판을 받아야 한다고 주장했다.
404년	아테네가 스파르타에 항복하다
	아테네에 30인 참주정이 수립되고, 소크라테스가 30인 참주들로부
	터 민주파 장군 레온을 체포해 오라는 명령을 받았으나 거부했다.
403년	아네테에 30인 참주정이 붕괴되고 민주주의가 회복되다
	아테네 의회가 사면령을 발표하다
402년	소크라테스의 아들 메넥세노스가 태어나다
401년	소포클레스의 〈콜로노스의 오이디푸스〉가 공연되다
399년	소크라테스가 재판을 받고 처형되다―《변론》, 《크리톤》, 《파이
	돈》의 시대 배경
389년	플라톤이 아카데미아 학원을 창설하다
386년	아리스토텔레스가 태어나다
347년	플라톤이 죽다

참고문헌

도널드 케이건 지음, 허승일 외 옮김,《펠로폰네소스 전쟁사》, 까치, 2006.

배터니 휴즈 지음, 강경이 옮김,《아테네의 변명》, 옥당, 2012.

B. 러셀 지음, 최민홍 번역,《서양 철학사》, 집문당, 1988.

앤토니 앤드류스 지음, 김경현 옮김,《고대 그리스사》, 이론과 실천, 1991.

요한네스 힐쉬베르거 지음, 강성위 옮김,《서양 철학사》, 이문출판사, 1983.

자클린 드 로미이 지음, 이명훈 옮김,《왜 그리스인가?》, 후마니스타스,
     2010.

칼 알버트 지음, 이강서 옮김,《플라톤 철학과 헬라스 종교》, 아카넷, 2011.

키토 지음, 김진경 역,《그리스 문화사》, 탐구당, 1998.

투퀴디데스 지음, 천병희 옮김,《펠로폰네소스 전쟁사》, 숲, 2011.

플라톤 원저, 이양호 지음,《소크라테스는 한번도 죽지 않았다》, 평사리,
     2017.

플라톤 지음, 강철웅 외 옮김,《편지들》, 이제이북스, 2009.

플라톤 지음, 박종현 역주,《플라톤의 네 대화 편》, 서광사, 2003.

플라톤 지음, 이기백 옮김,《크리톤》, 이제이북스, 2014.

플라톤 지음, 전헌상 옮김,《파이돈》, 이제이북스, 2013.

플라톤 지음, 천병희 번역,《크리톤》, 숲, 2012.

플루타르크 지음, 이성규 옮김,《영웅전》, 현대지성사, 2000.

헤로도토스 지음, 박광순 옮김,《역사》, 범우사, 1995.

호메로스 지음, 천병희 옮김,《일리아스》, 단국대학교 출판부, 1996.

Schleiermacher, *Kriton*, Phaidon.

Translated by Benjamin Jowett, *Crito*, The University of Chicago, 1971.